项目化学习

德树人背景下的通用技术课程实践

杨秋静◎著

河海大学出版社
HOHAI UNIVERSITY PRESS
·南京·

图书在版编目（CIP）数据

项目化学习：立德树人背景下的通用技术课程实践／杨秋静著． -- 南京：河海大学出版社，2023.11
ISBN 978-7-5630-8531-6

Ⅰ.①项… Ⅱ.①杨… Ⅲ.①通用技术－教学研究－高中 Ⅳ.①G633.932

中国国家版本馆 CIP 数据核字（2023）第 219817 号

书　　名	项目化学习：立德树人背景下的通用技术课程实践
	XIANGMUHUA XUEXI：LIDE SHUREN BEIJINGXIA DE TONGYONG JISHU KECHENG SHIJIAN
书　　号	ISBN 978-7-5630-8531-6
责任编辑	陈丽茹
特约校对	李春英
装帧设计	徐娟娟
出版发行	河海大学出版社
地　　址	南京市西康路 1 号（邮编：210098）
网　　址	http://www.hhup.com
电　　话	（025）83737852（总编室）
	（025）83722833（营销部）
	（025）83787763（编辑室）
经　　销	江苏省新华发行集团有限公司
排　　版	南京布克文化发展有限公司
印　　刷	广东虎彩云印刷有限公司
开　　本	718 毫米×1000 毫米　1/16
印　　张	9.75
字　　数	162 千字
版　　次	2023 年 11 月第 1 版
印　　次	2023 年 11 月第 1 次印刷
定　　价	68.00 元

前言
Preface

技术的飞速发展,影响着人们的生产和生活方式,人们对技术的依赖超越了以往的任何一个时代。基于技术在促进社会发展中的重要性和基础教育中技术教育的地位严重不匹配,2003年3月,教育部颁发了《普通高中课程方案(实验)》和《普通高中技术课程标准(实验)》,技术以其综合的理念、宏观的视野和与时俱进的课程内容成为普通高中新课程结构的八大领域之一,也成为新课程改革的亮点和难点之一。

对于通用技术这个新开设的科目,多数教师都是改行任教,因此,无论是对教师的专业知识还是教学技能都带来了一定的挑战。对于老师们来说,最先要解决的就是课怎么上的问题。通用技术学科从课程的定位上就是一门立足实践的学科,为了避免"只学不做"和"只做不学",课程标准中倡导将"做中学"作为学生技术学习的主要方式。在研究如何实现"做中学"的过程中,教师们的目光都投向了项目化学习,一时间项目化学习成为通用技术应用最为广泛、最被老师们认可的一种教学方式。项目化学习在如火如荼展开的同时,也暴露出其在设计与实施过程中存在的问题。

第一,项目内容与选择没有充分考虑与课程标准的对应,教师选择项目的随意性较大,从而导致落实课程标准的效果不好。第二,各项目之间相对孤立,没有形成系统,导致教师在教学过程中的忙乱。第三,项目的选择没有充分考虑学生的年龄特点、兴趣爱好等。第四,项目实施过程中缺乏规划和设计,教师指导学生学习过程中的个性化问题效率不高等。

这些问题的出现,凸显出了通用技术教师对项目化学习的理论掌握不足,不能很好地将其灵活运用到教学中,项目化学习的设计与实施过于粗放化,使得课堂热闹有余、思维含量不足。一部分教师没有很好地处理项目化学习的开放性与课程标准落实的全面性和深刻性之间的关系,他们习惯了在讲授式的教学中高度把控课堂,面对开放的项目化学习课堂,一时间无所适从,使得项目化学习的效果大打折扣。

2017年,新修订的普通高中课程标准,进一步明确了技术教育是素质教育的基本组成部分,是学生技术素养形成的重要途径,对落实立德树人根本任务、实施国家创新驱动发展战略、弘扬中华优秀传统文化和提高全民技术素养都具有重要作用。

基于以上的问题和教育背景,作为通用技术中应用最为普遍的项目化学习,被明确赋予了更多教育内涵和要求,研究人员积累了以下一系列需要解决的问题:

(1) 项目化学习中学科核心素养怎么落实?

(2) 如何解决知识的系统性和项目化学习的开放性之间的矛盾?

(3) 项目化学习该如何设计与实施?

(4) 项目化学习中的资源与工具如何设计和应用?

(5) 如何在项目化学习中落实立德树人的各种教育元素?

······

本书作者经过了十几年的教学探索和实践,形成了通用技术课程项目化实施的整体方案,针对学生技术素养培养目标的三个层次——筑牢基础、技有所长、积极创新,从课程层面设计了通用技术课程项目化实施的三阶段进阶方案,并开发了一系列的项目案例,解决了知识的系统性和项目化学习的开放性之间关系的协调处理问题;在教学层面设计了项目化学习"精细化"的策略、工具,并开发了一系列的项目化学习资源,解决了项目化学习的粗放化问题。

我们立足于立德树人的总目标，以技术学科本质观为线索，对育人目标进行梳理，形成了"多维育人"的目标词典，并针对词典条目设计相应的评价方案，为教师进行项目化学习提供了清晰的育人目标指向和评价标准，对学科核心素养、传统文化教育、劳动教育目标等进行了系统的设计和规划，提高了立德树人目标在项目化学习中落实的可操作性。我们提出了围绕育人目标，协调处理"情境创设"、"做"和"学"的相互关系的教学策略，赋予项目化学习在育人层面更广泛的价值和意义，从而提升立德树人的有效性。我们还设计了融入德智体美劳教育元素的"技术十"技术情境内容开发方法和可自由组合环节的"悟—思—仿—创"模块化的教学流程，为教师落实立德树人目标提供了便于操作的实践路径。

本书的前两章主要针对通用技术的项目化学习中如何落实学科核心素养以及如何设计项目化学习的工具和资源进行了探讨。第三章针对项目化学习中落实立德树人目标给出了笔者多年实践探索的方法和经验。第四章通过通用技术项目教学案例和学生在项目化学习过程中撰写的研究报告，为教师提供教学参考。

总之，作者希望通过本书，能够为广大通用技术教师提供可以用、愿意用的项目化学习的经验和指导，帮助教师提高在通用技术教学中开展项目化学习的效果。

目录 >>>
Contents

第一章　学科核心素养与项目化学习 …………………………………… 1

第一节　学科核心素养落实的问题与方向 ………………………………… 3
一、中国学生发展核心素养与通用技术学科核心素养 ………… 3
二、通用技术学科核心素养落实的探索方向 …………………… 6

第二节　项目化学习落实学科核心素养的优势 …………………………… 8
一、什么是项目化学习 …………………………………………… 8
二、项目化学习与其他学习方式的区别 ………………………… 9
三、为什么要进行项目化学习 …………………………………… 11
四、项目化学习落实学科核心素养的优势 ……………………… 13

第三节　通用技术落实学科核心素养的思考 ……………………………… 15
一、通用技术课程落实学科核心素养的瓶颈 …………………… 15
二、通用技术普遍应用的项目化学习存在哪些问题 …………… 17

第四节　指向学科核心素养的项目化学习的特征、理念与原则 ……… 19
一、指向学科核心素养的项目化学习的特征 …………………… 19
二、基于学科核心素养培养的项目化学习理念与原则 ………… 25

第二章 通用技术项目化学习与资源设计……27

第一节 通用技术项目化学习的设计……29
一、项目化学习目标……29
二、驱动性问题……32
三、项目化学习策略……39
四、项目化学习流程……45
五、项目化学习评价的设计……46
六、基于课程标准的通用技术项目化学习体系的设计……49

第二节 通用技术项目化学习工具设计……52
一、教师教学工具……52
二、学生学习工具……56

第三节 通用技术项目化学习资源设计……58
一、基于项目化学习的课程资源建设指导思想……58
二、项目化学习课程资源的建设方法……60
三、项目化学习资源库的设计……62
四、项目化学习资源平台及应用举例……67

第三章 立德树人背景下的项目化学习……71

第一节 基于立德树人的项目化学习的设计与实施……73
一、技术本质观视角下的学科育人……73
二、通用技术课程的多维育人目标及评价……76
三、基于"多维育人"目标的模块化教学流程……83
四、立德树人背景下的项目情境设计……85
五、立德树人背景下的项目化教学设计与实施……95

第二节 通用技术项目化学习中的育人路径……98
一、立德树人的目标要求……98

二、创新素养的培养 ……………………………………………… 100

三、中华优秀传统文化教育 ……………………………………… 110

四、劳动教育 ……………………………………………………… 114

第四章 通用技术项目案例 …………………………………… 121

第一节 项目教学案例 …………………………………………… 123

教学案例1：投石机模型制作 ………………………………… 123

一、项目背景分析 ………………………………………………… 123

二、项目目标 ……………………………………………………… 123

三、项目准备 ……………………………………………………… 124

四、项目实施 ……………………………………………………… 125

五、项目评价与总结 ……………………………………………… 127

教学案例2：老人服药提醒仪 ………………………………… 128

一、项目情境 ……………………………………………………… 128

二、项目目标 ……………………………………………………… 129

三、项目准备 ……………………………………………………… 129

四、项目实施 ……………………………………………………… 130

五、项目评价设计 ………………………………………………… 130

六、项目实施相关资源及注意事项 ……………………………… 131

第二节 学生项目报告 …………………………………………… 134

学生项目报告1：智能乒乓球拍 ……………………………… 134

一、项目背景 ……………………………………………………… 135

二、典型的挥拍过程的分析 ……………………………………… 135

三、测量加速度的传感器 ………………………………………… 136

四、获取并计算加速度 …………………………………………… 137

五、所有涉及的实验器材 ………………………………………… 137

3

六、电路连线设计 …………………………………… 138
七、微控制器程序 …………………………………… 138
八、将装置安装在球拍上 …………………………… 139
九、实验数据分析和结论 …………………………… 140
十、项目待改进之处 ………………………………… 141
学生项目报告2：智能窗户 ………………………… 142
一、项目背景 ………………………………………… 142
二、项目的完成过程 ………………………………… 143
三、本项目特点 ……………………………………… 145
四、项目拓展 ………………………………………… 146

第一章

学科核心素养与项目化学习

第一节　学科核心素养落实的问题与方向

一、中国学生发展核心素养与通用技术学科核心素养

2016年发布的《中国学生发展核心素养》[1]明确了立德树人的教育目标,需要从各个层面进一步细化,最终落实到教育教学工作中。作为最后一个环节的课堂教学,如何实现立德树人的教育目标呢？我们既要高瞻纲领层面的总目标,也要细致研究执行层面的细化目标与实施。因此,落实立德树人教育目标的前提就需要教师深入理解中国学生发展核心素养和本学科的学科核心素养,从而梳理出立德树人的教育目标,规划立德树人教育目标的教学实施路径。

(一) 中国学生发展核心素养

中国学生发展核心素养以培养"全面发展的人"为核心,分为文化基础、自主发展、社会参与三个方面,这三个方面构成的核心素养总框架,充分体现了马克思主义关于人的社会性等本质属性的观点,与我国治学、修身、济世的文化传统相呼应,有效整合了个人、社会和国家三个层面对学生发展的要求。这三个方面综合表现为人文底蕴、科学精神、学会学习、健康生活、责任担当、实践创新六大素养,六大素养既涵盖了学生适应终身发展和社会发展所需的品格与能力,又体现了核心素养"最关键、最必要"这一重要特征。六大素养之间相互联系、相互补充、相互促进,在不同情境中整体发挥作用。

核心素养指的是个体在面对复杂的、不确定的现实生活情境时,能够综合运用特定学习方式所孕育出来的学科观念、思维模式和探究技能,结构化的学科知识和技能,以及包括世界观、人生观和价值观在内的动力系统,分析情境、提出问题、解决问题、交流结果的综合性品质[2]。

中小学是按照学科进行教育教学的,学科是学校教育教学的根本依托。所

---

[1] 核心素养研究课题组.中国学生发展核心素养[J].中国教育学刊,2016(10):1-3.
[2] 余文森.核心素养导向的课堂教学[M].上海:上海教育出版社,2017.

有改革的理念和目标都要落实到学科层面。因此,核心素养也要分解并体现到学科核心素养之中,否则核心素养也就无法落地。学科核心素养是核心素养的具体化。

(二) 通用技术学科核心素养

如何实现学科向人的转变,是学科教育重建的关键。传统的学科教育过度在学科上做文章,教师往往关注学科知识的容量和难度,对学科的本质和教育价值关注不够。因此,学科核心素养是学科教育的灵魂,是引领学科教育深化改革、全面发挥学科育人功能的钥匙。

学科核心素养是学科教育在全面贯彻党的教育方针、落实立德树人根本任务、发展素质教育中的独特贡献,是学科育人价值的集中体现,是学生经过学科学习之后逐步形成的关键能力、必备品格与价值观念。它是知识与技能、过程与方法、情感态度与价值观"三维目标"的整合与提升。

教学中将焦点从学科知识转化为学科素养,需要以学科活动作为渠道。学科核心素养来自三维目标又高于三维目标,是三维目标的进一步提炼与整合。三维目标不是教学的终极目标,而是核心素养形成的要素和路径。学科核心素养目标的提出,并不意味着离开知识学习,而是指教学不能止于知识,要把学科知识转化为学科素养。通过学科活动可以将知识进行加工、消化、吸收,从而实现内化、转化、升华。教师在设计和开展教学时必须以学科核心素养为导向,充分体现学科的性质和特点,使学科教学过程成为学科核心素养的形成过程。学科核心素养是学科特性和教育内涵的有机融合,从"三维目标"走向"核心素养",是学科教育在高度、深度和内涵上的提升,是学科教育对人的真正回归。学科核心素养的提出意味着学科教育模式和学习方式的根本变革。

通用技术课程着力培养学生的技术学科核心素养。从"社会参与"、"自主发展"和"文化修养"三个维度出发,发掘技术学科独特的育人价值,考察技术社会的合格公民所应具有的关键学科能力与品格,凝聚了技术意识、工程思维、创新设计、图样表达和物化能力五个方面的技术学科核心素养[①]。

---

① 中华人民共和国教育部.普通高中通用技术课程标准:2017年版2020年修订[S].北京:人民教育出版社,2020:8-10.

1. 技术意识

技术意识是对技术现象及技术问题的感知与体悟。学生能形成对人工世界和人技关系的基本观念,技术的规范、标准与专利意识;能就某一技术领域对人、社会、环境的影响作出一定的理性分析,形成技术的安全和责任意识、生态文明与环保意识、技术伦理与道德意识;能把握技术的基本性质,理解技术与人类文明的有机联系,形成对技术文化的理解与主动适应。

2. 工程思维

工程思维是以系统分析和比较权衡为核心的一种筹划性思维。学生能认识系统与工程的多样性和复杂性;能运用系统分析的方法,针对某一具体技术领域的问题进行要素分析、整体规划,并运用模拟和简易建模等方法进行简易设计;能领悟结构、流程、系统、控制等基本思想和方法并加以运用;能进行简单的风险评估和综合决策。

3. 创新设计

创新设计是指基于技术问题进行创新性方案构思的一系列问题的解决过程。学生能在发现与明确问题的基础上,收集相关信息,并运用人机关系及相关理论进行综合分析,提出符合设计原则且具有一定创造性的构思方案;能进行技术性能和指标的技术试验、技术探究等实践操作,准确地观测、记录与分析;能综合各种社会文化因素评价设计方案并加以优化。

4. 图样表达

图样表达是指运用图形样式对意念中或客观存在的技术对象进行可视化的描述和交流。学生能识读一般的机械加工图及控制框图等常见技术图样;能分析技术对象的图样特征,会用手工和二维、三维设计软件绘制简单的技术图样等;能通过图样表达设计构想,能用技术语言实现有形与无形、抽象与具体的思维转换。

5. 物化能力

物化能力是指采用一定的工艺方法等将意念、方案转化为有用物品,或对已有物品进行改进与优化的能力。学生能知道常见材料的属性和常用工具、基本设备的使用方法,了解一些常见工艺方法,并形成一定的操作经验和感悟;能根据方案设计要求,进行材料选择、测试与规划,工具选择与使用,工艺设计与产品制作等;能独立完成模型或产品的成型制作、装配及测试,具有较强的动手实践与创造能力；能体验工匠精神对技术制造质量的独特作用，形成物化过程中严谨细致、精益求精、追求卓越的工作态度。

（三）学科核心素养与中国学生发展核心素养的联系

学科核心素养是在学生发展核心素养框架下，根据具体学科的特征和该学科育人特殊功能确定的。学生发展核心素养处于上位，是指向学生整体的全面的发展；学科核心素养处于下位，是在学生发展核心素养指导下确定的学科核心素养，是在学科教学中落实的学生发展的核心素养。

学科课程与教学目标既要由学科本身的特殊性决定，同时也要受制于学生全面发展的总目标。学科的课程与教学过程，既要关注学生的学科核心素养，又要关注学生的发展核心素养。学科教学同时承担着学科目标的实现和学生一般发展目标的实现。

厘清了两者的关系，有助于教师在教学实践中以学科核心素养的落实作为立德树人的主渠道，同时兼顾统筹学生发展核心素养的整体要求，使教师能够从更高的视野和角度思考教育教学，从而使通用技术教学将立德树人目标效果最大化。

二、通用技术学科核心素养落实的探索方向

学科核心素养的落实是立德树人目标实现的一条关键路径。因此，从教学目标、教学内容、教学策略、教学方式、教学评价以及教学资源等诸多方面都需要进一步探索。充分挖掘课程蕴含的丰富的育人价值，避免单一、机械的技能学习，着力培养学生树立正确的价值观念，促进学生必备品格与关键能力的提升，引导学生积极理性地参与技术活动，使学生成为适应时代发展要求的技术使用者和创造者。

（一）落实学科核心素养的目标体系的建构

立德树人的教育目标可以分为几个层级，第一级是中国学生发展核心素养，是党的教育方针的具体化、细化。第二级则是通用技术的五大学科核心素养，是沟通中国学生发展核心素养与通用课程教学的桥梁。第三级可以理解为学科核心素养在教学中落实的具体目标。学科核心素养面向的是整个通用技

术课程的总目标,在教学中具体实施,则需要对学科核心素养目标进一步细化,并进行整体规划,形成体系和具体的标准,从而便于教学落实。三级目标体系的建构,是以学科核心素养为标准,需要教师在教学中根据具体情况进行个性化的整体布局。

(二)教学内容的结构化处理

以学科大概念为核心,使课程内容结构化,以主题或项目为引领,使课程内容情境化,促进学科核心素养的落实。尽管核心素养的课程角色为我们描绘了一幅美好的蓝图,但它的实现有赖于系统性的教育变革,尤其需要教师突破传统的学科内容本位课程发展。这一变革,需要通用技术教师对教学内容进行基于任务或项目的重新架构,寻找从核心概念到知识点的一整套知识体系。

对通用技术教师而言,他们并不缺乏具体的学科内容的把握能力,但如何把握通用技术的核心概念,并由此建立起通用技术的知识体系的能力还有待进一步加强。

(三)学科核心素养培养的教学行动与策略

学科核心素养的落实需要更新课程育人的观念,也需要探索指向核心素养的教学行动与策略。这涉及学科核心素养落实的操作层面,也是广大通用技术教师在先进的教学理念指导下,需要自己进行探索和总结的内容。教师需要根据学生身心发展规律和技术学习的特点,立足学生的直接经验和亲身参与经历,精心设计和组织学生的学习活动,注重创设与学生已有经验相联系的多样化学习情境,采取自主、合作探究等学习方式,进行技术体验、技术设计、技术制作、技术试验等实践活动,从而促进学生学科核心素养的形成与发展。

在这方面,实现学科核心素养的目标还任重道远,需要通用技术教师深入、持续地探讨,学科核心素养才可能担负起应有的课程角色,体现在每一节活生生的通用技术课中。

(四)支持学科核心素养培养的资源与工具

学科核心素养的培养需要通用技术教学进行系统性的变革。从教学内容的结构化处理到教学方式的变化,都给通用技术教师的教学带来了一定的挑战。相较于传统的知识本位的课堂,一节课中知识点范围较小,学生的学习活动更趋于同质化。因此,对于教师来说,个性化辅导与资源准备的工作量相对较小。而基于学科核心素养的教学,知识点的范围增加,对学生运用知识的能力和技能的综合应用能力都提出了较高的要求。而且,学生的学习自主空间增加,也就意味着学生的个性化问题的范围明显增加。这种变化带来的最大的问题就是教师在课堂中的个性化辅导工作量增加。如果不能处理好这个问题,学科核心素养的落实效果会大打折扣。

解决这个问题的方法,就是需要进一步加强支持学科核心素养培养的资源和工具的开发与应用。这些资源和工具更多地需要通用技术教师自己根据教学的实际情况进行开发。

第二节　项目化学习落实学科核心素养的优势

一、什么是项目化学习

项目化学习在西方有悠久的历史和复杂的来源。项目化学习的实践活动可以追溯到 16 世纪末意大利罗马的艺术建筑学校开展的建筑设计比赛,此后这一形式被法、德等国所借鉴,并传入欧洲其他国家和美国,这种具有项目特征的活动在当时主要作为职业技术学院学生毕业考试的组成部分。自 19 世纪上半叶尝试将项目化学习从职业技术教育引入基础教育后,经过百余年的历史,国外已经形成了公认的项目化学习的设计和课程理论。

20 世纪初,威廉·克伯屈(William Heard Kilpatrick)提出的设计教学法被普遍认为是项目化学习的前身,设计教学法以学生的兴趣和需要为基础,主张把有目的的活动作为教育过程的核心和有效学习的依据,让学生基于脑海中已有的知识和经验,自己主动去建构知识并制订相应的学习计划,经过实践来解决实际问题。克伯屈将项目的流程归纳为目标、设计、实施、评价四个阶段。在其所著的《教育方法原理》一书中,克伯屈又以一章集中论述了项目化学习法问题。他把项目化学习中的设计分为四种方式:一是生产者的设计,目的在于生产某物;二是消费者的设计,目的在于应用、享受;三是问题设计,目的在于解决某种理性的困难;四是练习设计,目的在于获得技能与知识。这种教学方法在美国初等学校中得到了广泛应用。随着时代的发展,项目化学习的内涵也在不断拓展。

致力于推广项目化学习30余年的美国巴克教育研究所对项目化学习的定义应用最为广泛,它把以课程标准为核心的项目化学习(standards-focused PBL)定义为"一套系统的教学方法,它是对复杂、真实问题的探究过程,也是精心设计项目作品、规划和实施项目任务的过程,在这个过程中,学生能够掌握所需的知识和技能"。巴克教育研究所还提出了一套 PBL(Project-Based Learning,项目式学习)项目设计"黄金标准",内容围绕学生需要具备的核心知识和成功技能展开,明确项目化学习包括6个要素:具有挑战性的问题;持续探究;真实性;学生的发言权和选择权;反思、评价与修改;成果公众展示。

还有学者提出了一些其他的看法,马卡姆(Markham)等人认为在项目化学习这种教学模式中,教师需要精心设计项目主题与任务,学生据此在真实情境中开展较长时间的探究活动,以此来建构知识体系并提高学习能力。所罗门·格温(Soloman Gwen)认为项目化学习往往围绕着具有一定挑战性和真实性的项目主题展开,依托着某一学科的理论,并在活动中体现多学科交叉的思想;以小组形式进行,学生阐述自己习得的知识,师生、生生间进行多角度评价,对学习者习得的量以及程度给予评估;整个过程中,教师是学生学习的指导者与建议者。

尽管学者们对项目化学习内涵的描述不完全相同,但综其所述,项目化学习可总结为一种通过对真实的、复杂的问题进行探究,以小组合作的方式进行项目实施,最终以产品形式呈现,学生在参与过程中逐渐建构知识网、掌握必备技能、实现综合发展的教学模式。

二、项目化学习与其他学习方式的区别

项目化学习相对于传统的机械操练的教学,有其核心的理念和追求。机械操练的教学无结构、无明确的任务或问题的驱动,且教学相对琐碎,没有体现学习和探究的过程。

项目化学习属于归纳教学法,重视从经验中总结、归纳,它的起点是经验,形成思维的过程是归纳。项目化学习与一些同属归纳教学法的探究性学习

(inquiry learning)、问题式学习(problem-based learning)、案例式学习(case-based learning)等学习模式相似,这些教学方法均以学习者为中心,赋予学生更多的责任,学生从现实中构建自己的知识,而不是简单地从教师那里获取知识。

(一) 项目化学习与问题式学习

项目化学习与问题式学习和探究性学习的区别在于,项目化学习需要解决某个问题,产生可见的公开成果,引导所有参与者对成果进行评论和分析,成果的修订、完善、公开报告的过程被看作学习的重要组成部分。问题式学习和探究性学习并不特别强调成果,最后的结论可以是开放的。在项目化学习与问题式学习两者的区分方面,佩雷内(Perrenet)等认为项目化学习更加强调知识的应用,而问题式学习则强调知识的获取,而且项目化学习通常伴有基础课程,而问题式学习则没有相应的基础课程。

(二) 项目化学习与主题式学习

项目化学习与主题式学习也存在两方面的区别。一是知识观的差异。项目化学习指向具有概念性质的核心知识,促进学生对知识的迁移和深度理解;而主题式学习是对具体的主题内容的汇聚。二是课程组织结构的不同。主题式学习是多学科的课程结构,各个学科围绕主题组合在一起,但各学科之间依然独立;而项目化学习,尤其是跨学科项目化学习是综合各学科,共同达成不可分割的深度理解。

(三) 项目化学习与单元整体教学

崔允漷教授在题为《试论核心素养的课程意义》的报告中指出,"当我们在设计一个单元的时候,才能看到价值观念"。单元整体教学不是简单地变成课时的合并、重组与缩减,一个单元是指一个学习单位。

项目化学习与单元整体教学两者并不相同。项目化学习是指让学生在真实的驱动性问题的引领下,经历资料收集、规律探索、结论发现等学习过程,最终形成一份公开的可见的成果。这个成果还需不断修订完善、公开展示,这些都是学习过程的重要组成部分。单元整体教学是指对一个或几个单元做整体把握后进行的教学设计,并不特别强调成果,最后的结论可以是唯一的,也可以是开放的。项目化学习中所研究的驱动性问题,更偏向于运用真实世界技术的思想和方法来解决问题。单元整体教学中的问题是基于对整个单元的学习和探究,可以来源于生活,也可能是某一个技术问题。

项目化学习可以赋能于单元整体教学。单元整体教学中,教师希望学生具有自我觉察、自我反思的习惯,期待学生能常问问自己:"我可以换一种方式看这个问题吗?"而项目化学习以"问题解决"为目标追求的学习方式更容易让学生达到这一点。

三、为什么要进行项目化学习

为什么要进行项目化学习?我们可以从学生、教师、学校不同的视角来回答这个问题。

(一) 使学生找到学习的意义,促进学生的终生发展

从认知神经科学的观点来看,项目化学习可以促进学生的大脑发育,使学生在学习中更专注、主动和投入,使学生对关键概念的理解更为透彻、持久,使学生更容易在新情境中进行概念迁移。

在项目化学习中,学生的参与度更高,学习态度更积极,学习效果更佳。与传统教学中的学习任务相比,项目化学习的实践特征更明显,涉及的情境更具挑战性和真实性,学生作为实践主体,需要不断与其他师生及事物互动,才能实现最终的产品或成果,这都有助于激发学生学习的积极性和主动性。项目式学习有助于培养学生自主学习的能力。项目化学习中,教师作为活动的引导者一般只出现在关键时刻,整个项目的规划、设计、实施都要靠学生自行决策和安排,因而学生需要主动地不断深挖完成项目所需要的学习资源并自主消化吸收,通过有效的时间管理和决策等统筹安排整个项目的推进与落实。

项目化学习有助于锻炼学生的高阶思维能力和团队协作能力。项目化学习以解决问题为核心,学生在构思方案、自主探究、做出决策以寻求解决问题的方法的过程中,决策、创造、系统推理分析等高阶思维能力会得到充分锻炼。而且不同的学生对待同一问题会有多种解决方案,这促使学生进行多角度思考、综合考量和逆向思考。项目化学习有助于培养团队协作能力和沟通能力。项

目化学习往往以小组形式开展,在项目进行的过程中,学生需要与组员进行有效沟通、合理分工,以形成个人的观点或实现解决方案,推进项目的高质、高效完成;在成果展示环节,书面表达或口头表达能力也会得到锻炼。这些能力都会对学生的终生产生重要的影响。

相较于传统的教学,学生不再是一个盛满知识的容器,而是一个调动手脑、激活多种联系的活生生的人。如果学生在漫长的学习生涯中,没有获得过思考、承担项目的机会,在以后的生涯中就不可能在类似的情境中自发地进行复杂的决策;如果学生一直被要求服从权威,关注标准答案,则很难形成解决问题的创造力和判断力;如果学生从未对学习与生活之间的关联性进行深入的思考,在以后的各种生活和工作情境中他们的思考力和行动力都将受到很大限制。

(二)促进教师专业能力的提升,避免重复机械教学带来的倦怠和平庸感

对教师而言,项目化学习是一种新的学习方式,会给教师带来新的挑战。相比于传统的灌输式的教学来说,项目化学习中,教学目标的规划、教学内容的整合与设计、教学资源与支持的准备、多元评价的设计都对教师提出了较高的要求。这个过程的体验是新鲜的。

项目化学习不仅要求教师从知识点教学转化为对概念和能力这些大观念的关注,还需要将其转化为具有冲突性或新奇感的问题和成果,需要创造、想象、重构知识与情境的关系。这样的项目本身就是有趣的、有张力的,会吸引教师进一步地思考,并付诸教学实践。项目化学习的过程是一个深度思考、问题解决、批判性重构知识的过程,不断发现新知识和新观点的乐趣推动教师不断地思考和探索,并加强与其他教师间的沟通与合作。

学生在进行项目化学习的过程中,会有很多新奇的想法和解决的方案。学生所展现出来的思考力对教师也会有很大的启发,使教师真正体会到教学相长的意义。项目化学习的最大优势就是可以吸引学生主动地投入;作为教师,最大的成就感莫过于学生能够积极主动地学习。学生对学习的投入和与教师的思维碰撞无疑是对教师教学效果最大的肯定。

教师对项目化学习的研究过程,是促进教师专业发展的驱动力。实施项目化学习需要教师由教学主导者变为学习的设计者和支持者,教师需要放弃一定程度的课堂控制权,并且相信学生能够做好。这并不意味着教师不再重要、讲授不再需要,而是以一种新的结构化的形式整合到项目化学习的框架中。对于这种角色的转变,需要教师从专业的角度进行思考,提升自身的专业水平,从而带动行动的转变。另外,项目化学习带来了评价理念和方法的变化。教师需要深入研究学习质量标准、素养导向的评价如何设计与实施。这些都是教师在专业成长道路上突破舒适区的发力点。这一系列的挑战定会使教师克服机械重复的教学带来的倦怠感和平庸感,真正体会到教师是一个充满创造性、可以带来充分的成就感的职业。

(三) 项目化学习促进学校的素养奠基和新课程改革的深入

项目化学习使学校进一步推动新课程改革进入深水区,使学校教育更朝向学生的素养奠基。这些素养包括批判性思维、问题解决能力、团队协作能力、沟通交流能力和公开演讲能力。在学校范围内开展项目化学习,能激发全体教师和学生产生与真实世界联结的需求,塑造不断变革和进取的组织心态,这是学校深入推进新课程改革并进行转型的路径之一。

项目化学习对于学校来说,也是一个推动学校从教学走向管理,助力构建德智体美劳全面发展的课程体系的助力。以真实情境为载体、以任务驱动为特征,关注学生综合素养发展的项目化学习,已经超越了具体的教学方式、管理方式、课程组织方式,成为一种综合育人范式。践行该范式的学校可以以项目化学习的理念和方式改变学校的教学和管理,并构建以项目课程为特色的课程体系,其终极目的是推动素质教育落地,深入落实立德树人的根本任务。

项目化学习除了要充分发挥撬动素质教育的杠杆作用,还应解决三个问题:探索科学的评价机制、教研机制和管理机制;建立以项目化学习为主、兼容其他教学方式的教学格局;让终身学习成为教师发展的常态。

四、项目化学习落实学科核心素养的优势

随着高中新课程改革的逐步深入,如何将学科核心素养导向的教学观深入课堂教学是每一位教师应该深入思考的问题。通用技术课程中所采用的项目化学习,是指以课程标准的内容要求为知识线索,以教师指导,学生参与选择、

计划和实施的具有实践性和解决问题特征的活动项目为载体的教学方式。项目化学习在落实学科核心素养的培养上具有以下的优势。

(一) 项目化学习以促进学生的发展作为教学的出发点

项目化学习最本质的一个特征是指向核心知识的再建构。这些核心知识包括：学科概念、学科能力以及与学生成长密切相关的知识。通过这些知识，学生发现知识与真实世界的联系。核心知识不是事实性的知识，也不是技能性的知识点，它表现出本质而抽象的特征，指向学科本质或促进学生对世界理解的关键能力。

项目化学习的初衷是培养学生的动手实践能力和解决问题的能力，与学科本位的教学具有明显的区别。项目化学习将多种知识融入项目中，学生通过完成一个项目来体验如何将知识灵活应用到解决一个问题或完成一个项目的过程中。在这个过程中，学生需要建立项目活动和隐含的概念与能力的联系。学科核心素养的培育与知识、技能完美地融合，最终提升了学生知识的再建构能力。这种再建构能力使学生能够在新的情境中进行迁移、运用。整个学习过程是促进学生发展的真正有意义的学习。

(二) 项目化学习强调了学科的系统性和思想方法的应用

在通用技术课程的新课标中，关于如何落实学科核心素养培养的内容强调，通用技术的教学应体现技术学科的实践性和创造性特征，采用基于"做中学、学中做"理念的设计学习和操作学习等实践学习方式，倡导开放性、探究性的学习，并通过这些实践活动促进学生高阶思维能力的形成。项目化学习不是将教学肢解成一堂一堂的课，而是通过具体的任务将知识整合起来，学生通过解决问题过程中的思考、分析、综合、优化等活动促进高阶思维能力的发展。具体表现在，任何一个项目的完成都需要应用多种知识，学生在完成项目的过程中需要建构技术知识、应用技术原理、形成技术思维，从而领悟技术的思想与方法。这些都体现出学生进行了高阶思维活动。

（三）项目化学习使教学由"以书本为教学对象"变为"面向生活世界的教学"

传统的教学以书本知识的掌握作为教学的核心目的，强调学生知识的获得。这种情况下学生学习到的知识和真实世界是割裂的，是不能进行灵活应用的知识。一旦到实际应用中，这些知识是不容易被提取出来进而用于解决问题的。换言之，学生的学习并没有转变为学生的素养。项目化学习的教学资源不限于教材，而是来源于生活实际的真实的项目，融入真实情境的知识是有意义的，学生在真实的情境中通过解决问题习得的知识才是真正转化为素养的知识。项目化学习注重学生将知识与实际应用联系起来，注重学生学以致用的能力，从而促进学生学科核心素养的形成。

（四）项目化学习构建了以学为本的课堂教学体系

学科核心素养的落实，需要学生高质量地投入学习过程中，学生是学习的主动参与者。这与以往教师把控课堂，学生是被动的知识的接受者、模仿者完全不同。在项目化学习的课堂中，教师不再是课堂的表演者，学生也不仅仅是被动的接受者，而是完成项目的参与者和主体，整个学习过程以学生完成项目作为主线，教师是活动的引导者、帮助者。因此，这种课堂教学才真正构建了以学为本的课堂。

第三节　通用技术落实学科核心素养的思考

一、通用技术课程落实学科核心素养的瓶颈

（一）教师需要更新教学理念，打破原有的教学惯性

新课程标准对原有的教学体系带来了巨大的冲击。我国在 20 世纪上半叶的教学大纲时代重视基础知识与基本技能，教学设计集中在对"教"的设计，且以"课时""知识点"为设计单位，即以教材中的细小的知识点为单位分课时设

计,这种理念对教师的影响一直延续到现在。后来,课程目标由"双基"走向了"三维目标",受限于理论研究的滞后与实践引领的缺乏,一线教师难以正确理解与把握"三维目标"的规范与要求,知识与技能目标更为直观、容易落实,但过程与方法维度则存在多种理解,似乎变得可有可无。情感态度与价值观维度往往是生拉硬拽,大而空,失去了目标的意义。随着课程目标由知识本位转向素养本位,传统的基于"课时""知识点"的教学设计难以匹配素养目标,素养目标需要与之相匹配的将知识进行结构化的设计。

新修订的《普通高中课程标准》创建了"以学科核心素养为纲"的新样式,让一线教师首先明确本学科落实立德树人根本任务的独特贡献与育人价值,明确从期望的课程目标到过程性的内容标准,再到终结性的学业质量标准的素养目标体系。新课程标准要求一线教师超越原先单纯的知识点的要求,提升至学习结果的综合表现或整体刻画;关注知识点的习得、运用与迁移,重视知识点的联系与整合,以及真实情境中解决问题的能力;强调学生通过特定课程的学习逐步养成关键能力、必备品格与价值观念。

新课标从课程理念、课程目标上给通用技术教师指出了明确的方向,但对于通用技术这样一个新兴的、缺乏历史积淀的学科来说,教师在吃透课标的基础上,还需要进一步探索很多内容。从另一个角度来说,这也为学科的发展提供了广阔的空间。对于部分通用技术教师来说,要避免披着新课标理念的外衣,内部依然是"双基"时代的教学内核的现象。学科核心素养的落实需要教师从理念到行动打破原有的教学惯性,甚至是功利的教育目的,从目标到策略、内容、资源等,探索符合学科特点的学科核心素养落实的举措。

(二) 学习方式、教学模式需要进行系统变革

核心素养培育的落实不仅仅是教学内容的选择和重构,更是以学习方式和教学模式变革为保障的系统变革。教学中要回归学习的本质,使学生能够对外部世界有深入的探求,实现对自己精神家园的建构。学习不再只是把外部世界的知识装进脑袋里,而是学生在持续的自我发现问题和自主解决问题的过程中,探索世界,认知自我。

这种变化靠原有的单一的"教师讲学生听"的固化模式显然是不能够支撑的,也就是需要教师在教学中还原知识本来的面目,变革教学模式,整合教学内

容。要从整体着眼,从"大"处着眼,超越单一的知识点和技能,并从学科核心素养出发思考课程育人的本质,从时间维度上使学生经历"完整"的学习历程,避免传统的"课时"逻辑割裂学生完整的学习过程。这种内容上的整合和学习方式的变革必然需要教学方式和教学模式的变革作为支撑。

这种变革的需求无疑给通用技术教师带来了较大的研究实践空间,项目化学习因其能够很好地支持"做中学",作为最受通用技术教师青睐的一种教学方式引入到了课堂里并进行了大范围的应用。同时这也显示出了项目化学习需要进行符合学科特点的建构这一问题。

二、通用技术普遍应用的项目化学习存在哪些问题

项目化学习最初起源于国外的职业教育,后引入普通教育领域。在我国普通教育领域中,项目化学习是指在教师的指导下,由学生在特定的学习集体(项目小组)中,提出问题或活动的愿望(项目创意),对活动的可行性作出决策(是否立项),并围绕既定的目标(项目成果)决定学习内容和学习方式,自行计划、实施和评价学习活动的教学活动。

通用技术课程强调实践性的特点,使得教学更适合于有机地将理论与实践进行融合的项目化学习。因此,很多通用技术教师对项目化学习抱有极大的热情,并在教学中进行大胆实践。但在具体实施的过程中存在着一些问题,只有解决好这些问题才能使这一符合通用技术课程特点的教学法发挥重要的作用。

(一) 项目目标不明确

在很多通用技术教师认为的项目化学习中,往往看上去课堂很热闹,但目标不明确,简单来说就是为活动而活动,没有深入考虑这样做的目的是什么。这种"花瓶式"的项目化学习最突出的表现就是课堂热闹有余,而思维含量不足,教学目标和教学过程脱节,华而不实。

(二) 没有协调整合"做"与"学"

有些项目化学习的设计,过多追求让学生做,而没有让学生经历分析、探索问题的历程。例如,让学生按照固定的流程、固定的模型样板模仿制作,而没有让学生深入体会为什么是这样的流程,为什么非要这么做。这样的项目化学习

就是低阶的伪项目化学习。学生的学习依旧没有改变机械、被动接受知识的实质，只不过从动脑的机械化变成了动手的机械化。还有一部分教师，不能很好地处理知识学习与动手实践的关系，让学生先学习知识，再进行运用，这不是严格意义上的项目化学习。在项目化学习中，教师讲授知识是以微讲座、微报告、有针对性的能力提升训练等形式出现的，学生思考并解决教师提出的驱动性问题。项目化学习是将学习过程进行翻转，通过对驱动性问题的思考和探索，将知识学习、能力提升和问题解决、产品形成整合在一起，而不是将"学"与"做"进行割裂。

（三）项目内容的设计随意性较强

在目前的通用技术教学实践中，采用项目化学习的教师往往没有对项目内容与课标的要求做详细的分析与对应，而是根据教师的擅长和喜好自由选择项目。这样会导致两种极端情况的出现，要么知识技能覆盖面不够，要么在某一个知识技能点上严重超出要求，从而整个学科教学中的时间分配、教学内容的落实受到很大的影响。

（四）项目间缺乏系统性的联系

项目化学习不仅仅是学与教方式的变革，教师更需要用课程的视角来重新审视自己的教学，需要从整个课程目标的角度来审视每一节课、每一个项目。教师需要思考每一个项目涉及的核心知识是什么、和其他系列知识之间的联系是什么，并将所有的项目设计要素在一个较长的时间段内呈现。因此，在整个教学过程中设计所有的项目是个系统工程，各个项目间不是孤立的，在设计项目时要考虑到该项目在整个教学过程中对学生能力的培养起到什么样的作用，前面的项目中学生已有什么样的基础，为后面的项目打下什么样的铺垫等问题。在现实中我们常常会遇到这样的情况，教师设计了一个大的创意制作项目，学生在制作过程中主要精力不得不放到如何完成一些基本的操作上，教师也不得不忙于应付学生的这些问题，而不是对学生的创意进行有效的指导。这就说明前面没有完成对这个项目的前期项目的铺垫。

（五）项目的设计没有充分考虑到学生的情况

如果把项目的设计看成一个人的话，课标要求的知识技能点为"这个人的骨架"，具体的活动内容则为"这个人的血肉"。项目设计若有生命力、能吸引学生、使学生得到充分的发展，就需要教师充分考虑学生的年龄特点、兴趣爱好等现实情况。很多项目的设计没有充分考虑到这一点，出现了一些不如意的情况，例如，项目主题相对高中生而言明显幼稚，使学生没有得到充分的发展；项目内容与学生的生活实际脱节，导致学生兴趣不高等。

（六）项目化学习实施过程中教师指导的有效性不高

很多教师在实施项目化学习的过程中，主要精力放在了设计项目上，对于学生在学习实践过程中可能遇到的问题和需要的帮助思考和准备不足，一旦学生开始学习和实践，教师就会疲于应对学生各种各样的问题，有时同一个问题被学生多次问到，才会意识到哪些是共性问题。教师对于哪些指导需要语言讲解、哪些需要多媒体的辅助等没有做好充分的准备，这种情况会直接导致教师的指导有效性不高。

第四节　指向学科核心素养的项目化学习的特征、理念与原则

一、指向学科核心素养的项目化学习的特征

不同的研究者对于项目化学习的核心观点具有一致性，在此对于指向学科核心素养的项目化学习的界定如下：学生对与学科核心素养相关的驱动性问题或任务进行深入持续的探索和实践，通过调动知识、能力、品质等创造性地解决问题或完成任务，并形成公开的成果，从而形成了对核心知识、关键能力以及自身学习过程的深刻理解，并能够在新情境中进行迁移。

指向学科核心素养的项目化学习包括以下特征：

（一）项目化学习能够实现学生对核心知识的重构

项目化学习中的核心知识具有本质和抽象的特征，而不是具体的知识，它体现出学科中促进学生的关键能力形成的知识。需要教师在设计项目化学习的过程中，不仅仅要对课程标准做内容的分解和细化，还要理解知识之间的关系、知识与情境之间的关系，对零散的知识进行提炼、升华，使学生能够将知识在情境中进行迁移和应用。当学生在新的情境中能够运用以往的经验产生出新知识，就意味着迁移和重构的发生。如果项目活动对学生来说没有挑战性，只是知识的应用，或者是已经学会的技能的呈现，就不是指向核心素养的真正意义上的项目化学习。

在现实的通用技术课堂中，很多所谓的项目化学习没有加强知识间的联系，算不上真正意义上的项目化学习，而是表层学习、表演学习，缺乏基于知识的内在结构和对知识完整深入的处理，从而使学生难以形成结构化的知识，进而导致学生的技术素养无法落实。

例如，在"结构的强度"学习中，对于重点内容"影响结构强度的因素"的三个因素：材料、形状、连接方式，教师采用了三个案例分别对三种情况进行了分析，学生通过学习仅仅知道了影响结构强度的三个因素各自是如何影响结构强度的，学生对于这些知识的掌握是割裂的、不容易进行迁移和应用的。在实际的项目设计中，这三个因素的影响是复杂的、交叉的，并不是割裂开的，因此学生依然不能够应用所学的知识指导自己的设计活动。出现这种现象的原因是教师缺乏对学生进行知识结构化、系统化的引导，从而使学生不能将知识进行有效的迁移。

（二）项目化学习基于真实的问题情境

真实的情境首先使学生学习的知识和能力是可以在现实世界中真实使用的，并使学生能够看到知识和真实世界的联系，而不是仅仅用于考试的知识。真实情境的项目还可以使学生将解决问题的思路在现实生活中进行迁移。比如思考问题的方式和解决问题的方式的迁移。真实的问题不仅仅表示任务本身是现实世界中存在的，还可以表示思维方式是真实的，任务可能是虚拟的情境。例如，建造桥梁模型的项目，不可能真的让学生去造一座桥，而是将结构的知识运用到一个虚拟的桥梁,即桥梁模型中。学生在完成项目的过程中,经历的结构的分析、模型制作的技能、系统分析的过程是真实的,这些能力是可以进行迁移应用的。

(三) 项目化学习指向高阶思维能力的培养

高阶思维能力的培养离不开深度学习,深度学习是指在理解学习的基础上,学习者能够批判性地领悟思想、认清事实,并将它们融入原有的认知结构中,能够在众多思想间进行联系,并能够将已有的知识迁移到新的情境中,做出决策和解决问题的学习。通用技术课程的学科核心素养中蕴含着操作学习、设计学习、制作学习、试验学习、体验学习等丰富而独特的学习方式。这些以实践学习为核心的学习方式与深度学习完美契合,对学生能力结构的完善和核心素养的培养具有重要意义。

多年来,在以认知学习为主要学习方式的背景下,以知识点作为孤立的、不相关的事实来接受和记忆的浅层的学习方式成为一种经典的学习方式。教师在通用技术的项目化学习中需要打破惯性,引导学生将浅层学习导向深度学习,将培养核心素养落到实处。例如,工程思维是通用技术学科核心素养之一,是以系统分析和比较权衡为核心的一种筹划性思维,强调把分析思维和综合思维结合起来,注重在考虑整体的前提下解决技术问题。这种思维是典型的高阶思维,是学生深度学习的重要体现。以造物为灵魂的工程思维并非什么新现象,而是从有工程实践活动起就依附于其中的一种思维活动和思维现象。在通用技术的学生技术实践活动中,工程思维处于一种"日用而不知"的不自觉状态,在学习中并没有将工程思维活动提高到自觉的程度和水平。而项目化学习则可以将工程思维的培养落实,通过完成项目的任务,学生必然要经历分析、综合、比较、权衡等思维过程,实现工程思维核心素养的提升。

在项目化学习中要从目标、内容、活动三方面入手,找到高阶思维培养的关键点,并在学习过程中精准落实。项目目标要对知识点进行立体分析,多维解读,凸显探究性理解和问题解决,教学中运用多种策略和方法突破教学难点,落实高阶思维培养目标。项目内容要从核心概念和大观念的视角出发,把握内容间的联系和知识的整体架构,项目化教学的过程中在重视纵向时间结构的同时,优化教学的横向空间结构和课程的内向结构,从而使教学内容有效落实。在项目实践活动设计中,要关注工程思维等高阶思维的培养,提高教师引导、评价与反馈的有效性。在项目化学习中实现高阶思维培养流程如图1-1所示。

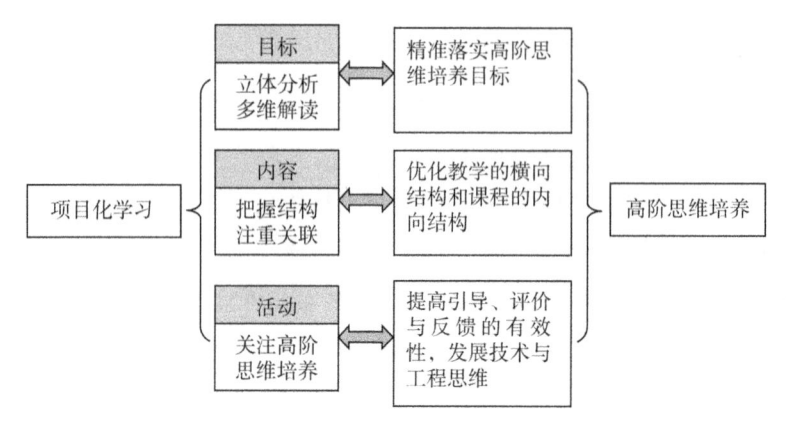

图 1-1　在项目化学习中实现高阶思维培养流程

1. 立体分析、多维解读项目目标,注重创生性技能的培养

项目化学习中要关注知识和技能的可迁移性,注重培养学生将知识应用于实践的能力。因此,项目化学习的目标定位除了了解、理解知识点本身外,还应对项目目标进行立体分析,多维解读。通用技术教学中学生的技能培养分为再生性技能和创生性技能培养。教学中往往容易产生只关注知识点的记忆、工具的使用方法等封闭的技能学习,没有充分挖掘其中的策略性的、开放的创生性学习目标。因此,要在项目化教学的最初针对项目化学习设计恰当的教学目标。对于以"结构的强度"为核心知识点的项目化学习,高阶思维能力培养的教学目标制定如下:

(1) 通过制作并测试挂衣架模型,体会进行方案设计的多因素分析的过程,探究并分析出影响结构强度的因素。

(2) 通过挂衣架模型的设计制作过程,能够将结构与力的相关知识应用于挂衣架结构强度的分析活动中。

(3) 由挂衣架模型推广到生活中结构强度问题案例,体会结构问题在生活中的广泛存在,进而形成技术使用的规范意识和安全意识。

从这个目标中可以看出,对于本项目的核心知识点"影响结构强度的因

素",教学目标并没有定位在对知识点的理解和记忆层面,知识的获得方式也是通过制作并探究得出的,是学生主动获取、自主建构出来的。同时将本节课的强度的因素与前面所学的结构受力分析联系起来,从而深入理解这几个因素为何会对强度产生影响,使学生获得的知识是结构化的而不是碎片化的。掌握影响结构强度的因素并不是学习的终点,而是要求学生能够实现知识的迁移,将影响结构强度的因素应用到生活中进行案例分析,从而为后面学生进行结构设计打好理论基础。

由此可以看出,项目目标的定位直接影响到整个教学过程和学习过程的定位。"立体分析"强调基于对学生的分析,明晰学生可能的发展,促进课堂深度学习,必须把握课堂中学生能达到的高阶思维水平,并以此设计相应的学习目标。

2. 关注知识结构的形成,培养高阶思维能力

高阶思维培养是课堂上学生在教师的引导下,通过对知识的理解与创造,实现认知结构的完善、关键能力发展和复杂情感体验的过程。因此,教学中要激活学生已有的知识经验,使之与新知识形成知识结构,使学生在深度参与的过程中不断完善自身的知识结构,提升知识迁移的实践能力。

同样以"影响结构强度的因素"这部分内容为例,采用常规性灌输式的知识讲解进行的教学,其知识结构及实施思路如图1-2所示,可以看出,对于影响结构强度的三个因素的教学,采用了"就事论事"的星型结构,知识点之间的连接之处仅仅是它们均属于影响结构强度的因素。学生通过这种学习,仅仅能够达到记忆并单独理解三个因素,处于浅层学习状态。在将结构强度进行实际应用

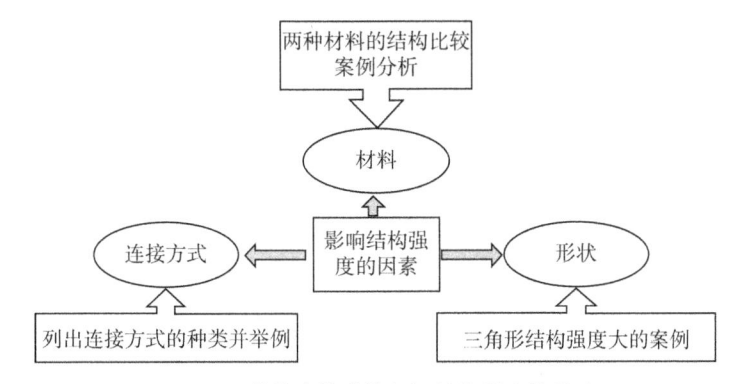

图1-2 灌输式教学的知识结构及实施思路

的活动过程中,三个因素则是共同交叉影响的,因此,学生难以将知识进行迁移应用,也就无法实现核心素养的提升。

基于深度学习和高阶思维培养的课堂,则将知识联系起来,形成结构化的、可迁移的知识,且不能使学生仅停留在被动的接受状态,要采用多种方式促进学生深入思考,并促进学生对知识的迁移。该内容教学采用项目化学习方式(图1-3),在冰棒桥模型制作中融入结构强度的核心知识点,从知识结构及实施思路中可以看出,各个知识点间的关系是网状的,项目充分挖掘了影响结构强度的三个因素间的关系,以及它们是如何共同作用在同一结构中的,同时还将结构和力的相关知识与强度的知识联系起来。理清了这些关系,学生学习到的知识点就不是孤立的状态,而是系统的、结构化的状态。从另一角度来看,影响结构强度的因素不是教师直接给出的,而是学生通过模型制作与试验活动归纳总结出来的,在制作过程中的每一个环节都需要学生对强度的知识进行深入的思考,并通过完成后的承重测试试验进一步强化对自己所理解和运用知识的判断和分析。学生在经历了这样的学习过程后,必然能够将所学知识在一个综合性的情境中进行迁移应用。这种知识的学习和应用过程充分调动了学生的深度学习,培养了高阶思维能力和核心素养。

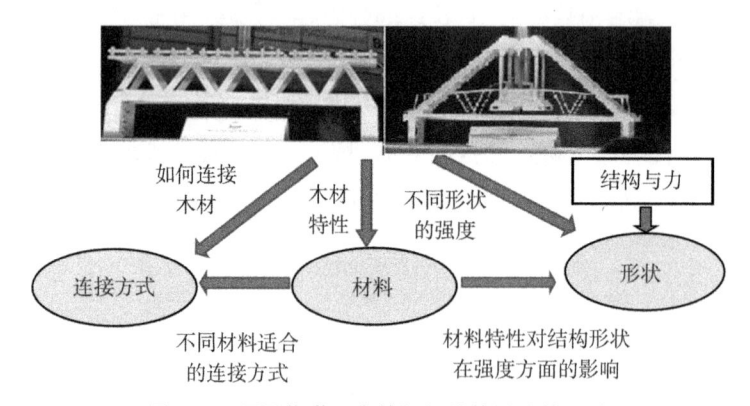

图1-3 项目化学习中的知识结构及实施思路

高阶思维的培养需要教师把教学内容转化为完成项目所需要解决的关键问题,引导学生思考和体会项目中所蕴含的复杂而丰富的学习内容,让学生学得主动、积极,使教师、学生、教学内容获得高度的统一,使教学内容实现其本应有的价值。只有这样才能使学生形成有助于未来可持续发展的核心素养。

二、基于学科核心素养培养的项目化学习理念与原则

(一) 实施的理念

1. 项目的设计与实施着力于培养学生必备的学科核心素养

学科核心素养是学科育人价值的集中体现,使学生通过通用技术的学习成为有理念、会设计、能动手、善创造的社会主义建设者和接班人。因此,着力培养学生的学科核心素养才能落实技术课程的目标。

2. 项目类型多样化,满足学生的个性化发展需求

项目的种类涉及学生的日常生活需要、工科潜能发展以及技术创造兴趣等多个角度,兼顾传统工艺与现代技术,以满足学生的不同发展需求,促进学生全面而有个性的发展。

3. 注重挖掘项目中蕴含的育人因素,落实立德树人

技术教育中具有丰富的育人因素,从项目的设计背景到项目的实施,各个环节中都要充分挖掘育人因素,培养学生形成正确的技术观,严谨细致、精益求精、追求卓越的工作态度和工匠精神,培养爱国情怀,落实立德树人。

4. 项目教学中过程性评价与终结性评价相结合,发挥评价的激励与促进发展功能

发挥评价的激励与促进发展功能,把过程性评价与终结性评价结合起来,在评价内容上,既重视知识与技能的评价,也关注学生学习的积极性与主动性、自信心、兴趣等方面。把过程记录性材料和作品结合起来进行评价。在评价主体上,改变单一的由教师评价的状况,结合学生自评、互评,使评价更为民主、客观。

(二) 实施的原则

1. 项目教学中有落实学科核心素养培养的具体措施

通用技术的学科核心素养包括:技术意识、工程思维、创新设计、图样表达、物化能力五个方面。学生完成每一个项目几乎都要涉及这几个方面的素养培养。因此,在项目设计的过程中,要充分挖掘培养的契机,并在项目实施的过程中有方法、有措施地全面落实。

2. 项目实施过程中强化学生自主学习的同时，不弱化教师的引导作用

在项目学习的过程中，学生的自律性、自主性都存在差异，这种差异导致学习的有效性也有很大的差异，因此，学习过程中教师的引导非常重要。教师的引导作用要体现在项目实施的各个环节中。在项目前期，教师要给出明确的要求，让学生明确目标、过程、方法、成果及具体的评价方法；在项目完成过程中，教师要及时提供相关资源，组织学生，管理学习进度，进行适当的监督和评价，解决学生遇到的难题等；项目结束时，教师要及时对学生的项目完成情况进行评价并给出反馈。

3. 项目实施中强化技术思维的培养，落实深度学习及高阶思维的培养

在项目教学的活动设计中，要强化有助于思维形成和文化感悟的项目活动，以及体现技术育人整体价值的深度实践活动。项目的活动设计要体现通用技术学科对学生能力培养的独特性，包括：意念的表达能力与将理念转化为操作方案的能力；知识的整合、应用及物化的能力；面向真实世界和物质世界进行创造的能力；基于可靠性、性价比的方案权衡和优化的能力；将有形的创造物转化为无形的智慧、将无形的智慧转化为有形的创造物的能力。

第二章

通用技术项目化学习与资源设计

第一节 通用技术项目化学习的设计

一、项目化学习目标

项目化学习相比传统的教学方式,在形式上更加开放,为了避免"放羊式"的学习现象,要对项目目标进行系统设计,才能更好地与课程标准对接,从而保证学科核心素养目标能够在项目教学中落实。项目目标的梳理分为两个层次,一个是从课程的角度,梳理项目系列的总体目标,使之与学科核心素养进行对接,实现项目系列对学科核心素养目标的完整覆盖,并提纲挈领地对具体项目完成学科核心素养目标的方式进行规划。另外一个目标就是具体在每一个项目中进行目标的设计与规划。

(一) 基于学科核心素养的项目化学习总目标

根据通用技术学科核心素养,将项目化学习目标分为:意识目标、品质目标、思维目标、能力目标四大类,每一类目标分别对应相应的学科核心素养(表2-1),并针对该类目标设计相应的落实措施。

表2-1 项目化学习总目标对应的学科核心素养及落实措施

学科核心素养	与学科核心素养对应的项目目标描述	落实措施
技术意识	技术意识与观念目标: 对技术现象、技术问题的感知与体悟。主要包括:具有正确的技术观、生态观、劳动观;具有对技术问题的敏感度和主动创新的技术意识;形成对国家在技术领域的价值体系的正确认知,包括国家安全、社会富裕、文明提升、民族复兴等方面,形成符合国家发展的正确价值观。 个人品质目标: 技术活动中完成的对学生完满人格和完善个性进行的熏陶和锤炼。包括精益求精的工匠精神以及尊重规律、善于批判等优秀的品质;积极开放、不断进取、努力合作、关爱他人以及正确对待挫折等积极情感和良好个性	1. 项目背景中融入教育元素,使学生从解决真实问题中感悟,形成正确的技术意识。 2. 项目方案设计中引导学生遵循以人为本,形成正确的技术观。 3. 项目教学实施过程中,通过评价导向,引导学生形成优秀的个性品质

续表

学科核心素养	与学科核心素养对应的项目目标描述	落实措施
工程思维	技术思维目标： 在解决技术问题过程中进行的界定问题、抽象特征、分析和比较权衡、方案决策等一系列思维水平的提升。主要包括以系统分析和比较权衡为核心的工程思维、能够提出创新性解决方案的创新思维	在项目教学实施过程中，设计引发学生深度思维的活动，并应用相应的教学工具将思维活动显性化，落实工程思维的培养
创新设计 图样表达 物化能力	技术能力目标： 以运用技术进行问题解决和创新为核心的综合能力。主要包括面向真实世界和物质世界进行创造，并将理念转化为操作方案的能力（创新设计）；运用技术语言将设计意念进行表达的能力（图样表达）；采用一定的工艺方法将意念、方案转化为有用物品，或对已有物品进行改进与优化的能力（物化能力）	学生在进行项目方案设计、项目制作、项目展示与评价等环节中，针对不同阶段的任务特点，教师通过安排具有针对性的学习活动，引导学生在完成任务的过程中进行能力的提升

有些教师可能会有疑问，上述目标中为什么没有出现老师们最习惯也是最擅长完成的技术知识目标？这一点恰恰是基于核心素养的新课程改革带来的教学理念的变化。没有出现技术知识目标，并不代表不需要知识目标，而是掌握技术知识并不是通用技术教学的终极目标，我们的终极目标是提升学生的核心素养，这些素养的表现以五个学科核心素养呈现出来。同样在教学中，技术知识的掌握不是目的，而是学生能够将学习到的技术知识转变为素养，也就是要具备能够进行知识迁移应用的能力。以三视图、正等轴测图、草图等图样绘制的知识为例，学科核心素养中的图样表达素养中要求学生运用技术语言将设计意念进行表达。这个素养目标中很明显已经包含了图样绘制知识的掌握，学生如果没有掌握这些知识，很显然是不能达到应用技术图样进行设计表达的素养要求的。也就是说，图样绘制知识的掌握是图样表达素养实现的基础和前提，因此，在项目目标中关于图样表达素养目标的设计已经隐含了图样绘制知识目标。

（二）根据核心知识设计项目化学习目标

知识有不同的类型，根据核心知识设计项目化学习目标是项目化学习的起点。认知科学领域对知识进行了分类。大部分认知学家将知识分为陈述性知识和程序性知识。陈述性知识主要是有关事实、概念和概括的知识；程序性知识是一套办事的操作步骤，是关于"怎么办"的知识。在知识的分类中，比较经

典的是安德森(Anderson)的知识框架,他将知识分为如下四类:

(1)事实性知识:学生通晓一门学科或解决问题所必须了解的基本要素。

(2)概念性知识:在一个更大的体系内共同产生作用的要素之间的关系,包括分类和类别的知识,原理和通则,以及理论、模型和结构的知识。

(3)程序性知识:做某事的方法、探究的方法,以及使用技能、算法、技术和方法的准则。

(4)元认知知识:关于认知的知识以及关于自我认知的意识和知识,包括策略性知识和关于认知任务的知识、适当的情境性和条件性知识。

1. 聚焦项目化学习中的概念性知识目标

学生形成概念性知识意味着他不仅知道,而且能够理解这个概念的特点,能举出不同类型的例子,能运用这个概念作为工具分析新的情境。概念性知识超越了事实层面,指向思维,促使各种事实性知识的整合。如果没有概念,事实性知识将处在零散的水平上,概念可以让学生将事实性知识作为材料和内容来进行抽象性的思考。学生要实现真正的理解与迁移,需要上升到概念以上的层级来进行思考。事实性知识越具体,学生学起来和教师教起来就越容易,但这样的知识是难以抽象和迁移的。这也就可以解释为什么很多教师更习惯于进行知识灌输式的教学,觉得项目化学习更具有挑战性,更难驾驭。

通用技术学科中有四个大概念:结构、流程、系统、控制。以结构的教学为例,其事实层面的知识包括:结构的类型、结构的五种基本受力形式、影响结构强度和稳定性的因素等。停留在事实性知识层面的典型教学方式就是把这些问题一一进行解释并举例;上升的概念性知识层面的教学则需要在事实性知识掌握的基础上让学生理解这些知识间的联系,以及在实际的技术设计活动中对结构产生的综合性影响。项目化学习使教学至少处于概念性知识学习的层次。例如,让学生设计一个手机支架,学生在完成任务的过程中,必然要应用到上述的知识,并且还要学会综合分析和实际运用,这样学习到的知识才是可以进行迁移的。

因此,项目化学习需要以概念来聚合各种知识,将事实性知识以一种有效的方式整合起来。项目化学习鼓励学生在情境中深入理解概念,引发学生产生超越事实的抽象思维。

2. 挖掘项目化学习中的程序性知识目标

设计项目化学习目标时，需要挖掘项目中的程序性知识（技能）。项目化学习会促进学生程序性知识的获得，例如：锯割操作、图样绘制、模型制作等。在设计项目化学习目标时，不仅要使学生能够习得这些涉及步骤和流程的程序性知识，还要深入挖掘每一个步骤以及流程背后的意义。这样，学生才能够将对程序性知识的理解迁移到其他情境中去。

例如：在曲线锯割操作中，不但要使学生掌握曲线锯割每一个环节的操作要领，还要使学生理解为什么这样操作、如果不这样操作会产生什么样的后果。通过这样的学习，学生才真正掌握了能够迁移的关于曲线锯割的程序性知识。

3. 充分挖掘项目完成过程中的元认知目标

元认知是对自己认知活动的认知，其本质是对当前认知活动的调节。元认知既是一种关于自己认知活动的知识体系，也是一种有意识或者无意识地对自己认知活动进行调节的过程。元认知主要通过监视和控制两种机制实现对认知过程的调节。监视是指一个人获得有关自己认知活动的进展、效果等信息的过程。控制是指一个人对自己认知活动作出计划、调节，保证认知活动朝着正确的方向和既定目标发展。

项目化学习中的元认知目标可以使学生对自己学习的过程进行反思与调整，学生能够通过回顾自己的学习过程，获得元认知的知识，不但可以调节本次学习活动的行为，还可以为以后其他的学习活动积累经验。这种能力的迁移就是素养的提升。例如，学生在项目化学习过程中，通过反思自己的学习过程，对于项目方案的执行过程以及完成项目的策略所获得的元认知知识，则可以帮助学生在以后的学习中不断进行改进。学生通过完成项目过程中元认知知识的获得得到了素养的提升。

二、驱动性问题

驱动性问题是项目化学习设计中项目展开的核心和灵魂，驱动性问题是指围绕项目主题设计的契合课程标准的具有凝练意义的问题，它是能够引发学生自主探究和推动学生解决问题的关键性问题。一个好的驱动性问题能营造一种由求知欲驱动的学习氛围，鼓励学生积极地寻找问题的解决方案、计划和开展技术实践、构建和共享学习成果，从而实现深度学习。

项目化学习往往由一系列教学活动组成,在教学中使用驱动性问题可以让学生建立目的感,使他们的学习与实践始终指向目标。驱动性问题可以引领学生将注意力始终集中在核心问题解决与核心概念的学习上,并将概念融入技术实践,让学生认识到每一个教学活动与核心问题的关系,从而增强学生学习的一致性和连贯性。驱动性问题是有意义的、情境化的问题,能够将学生置于真实世界的情境中,让他们应用技术解决真实的问题,搭建技术与现实的桥梁,促进学生有意义学习的发生。

(一) 辨析驱动性问题

项目化学习通过问题引发学生对完成项目的思考和探索。什么是驱动性问题呢?下面有两个问题:

(1) 影响结构强度的因素有哪些?

(2) 设计一个结构时,你会如何考虑它的强度问题?

这两个问题中,很明显第二个适合作为驱动性问题。第一个问题是一个事实性问题,指向的是一个封闭的答案,这个问题是一个良构问题。第二个问题是一个开放性问题。学生不但要了解影响结构强度的因素有哪些,还要根据结构形状、受力形式、使用的材料和连接方式等来综合分析,并设计相应的方案。同一个问题,不同学生的设计方案会有区别。也就是说,第二个问题是一个非良构问题。

(二) 驱动性问题的特点

项目化学习中的驱动性问题具有以下几个特点:

第一,驱动性问题能够激起学生完成项目的欲望。驱动性问题作为项目化学习开展的第一步,必须激发学生的好奇心和解决问题的欲望。因此,在设计驱动性问题时,要充分考虑到学生的年龄特征、兴趣特点。

第二,驱动性问题的设计必须具有可行性。设计驱动性问题必须考虑学生的技术知识和能力水平,不仅要让学生完成项目的一系列活动,解决驱动性问题,还需保证学生在项目化学习中所需的资源和材料都是容易获取的,而不是仅仅纸上谈兵,以免学生的设计成果没有资源和条件进行物化。

第三,驱动性问题应当具有价值。驱动性问题应该符合课程标准,并且能让学生进行充分的学习与实践。一方面，驱动性问题应对达成课程目标有促进作用，与课程标准中所要求的核心素养有关。另一方面，驱动性问题必须是一个真实的有价值和意义的问题。例如，"如何用技术手段帮助健忘的老年人解决他们总是忘记吃药的问题？"这个驱动性问题中蕴含着核心素养中的创新设计、物化能力、工程思维等核心素养目标，同时还引导学生关爱社会、关心弱势群体，培养学生积极健康的技术情感。而且这个问题是现实中真实存在的问题，是一个有现实意义和价值的问题，学生通过解决这个问题，在提高技术素养的同时，也能够体会到帮助他人的价值感和成就感。

第四，驱动性问题需要将学生置于真实的情境中。驱动性问题一般是基于真实世界提出的，让学生能够在与他们生活息息相关的真实情境中进行探索，并会对他们的日常生活产生影响。例如，"如何能够让养花人对水量需求不同的花实现按需浇水？"这个问题是生活中养花遇到的真实问题，通过这个驱动性问题，使学生完成自动浇水装置的项目设计。

第五，驱动性问题应具有可持续性。好的驱动性问题能够维持学生的兴趣和注意力，让学生长时间地参与到问题解决的过程中，并且鼓励学生进行更深入、更广泛的学习和探究。在上面的自动浇水装置的设计项目中，学生需要不断地探索如何判断植物需要浇水、如何控制浇水量等一系列问题，并选择恰当的传感器、控制部件，进而完成项目的设计与制作。

（三）设计驱动性问题

学生的项目化学习围绕驱动性问题展开，驱动性问题基于项目主题和课程标准设计，通过驱动性问题增强学生学习的一致性和连贯性，帮助学生建立起技术与生活的联系，并提高学生整合学科知识的能力。

在通用技术的项目化学习中，通过一系列驱动性问题将完成项目划分成一个个的子任务，学生沿着问题的顺序一个个解决，最终完成整个项目。因此，驱动性问题的设计在通用技术项目化学习中起到了线索和向导的作用。同时，每个驱动性问题直指现阶段需要完成任务的核心。通过完成驱动性问题，不但帮助学生一步步地解决问题，还使学生学习了如何解决一个问题、如何划分任务，进而有条不紊地解决问题的方法，而不是"眉毛胡子一把抓"，想起什么做什么。从这个角度来说，驱动性问题的设计，不但关系到学生能否完成项目，还关系到学生从中学到什么样的解决问题的步骤和方法。

因此,在设计驱动性问题时,要直指需要解决的关键问题,需要教师抓住任务的核心。

案例1:设计一座冰棍棒桥

(一)项目化学习目标

1. 能够通过技术试验分析影响结构强度的因素。

2. 能够运用模拟和简易建模的方法进行简易设计并进行物化。

3. 能运用系统分析的方法,针对结构设计问题进行要素分析、整体规划设计制作。

4. 能进行简单的技术试验设计并加以实施,能分析试验数据并形成试验结论,写出技术试验报告。

(二)材料及准备

冰棍棒、白乳胶、速干胶、夹具、应力分析软件、承重测试工具。

(三)活动过程设计

1. 情境引入,项目介绍

展示山区孩子蹚水过河上学的图片,引入任务:为孩子们建一座桥。

问题一:如果让你来建这座桥,你第一步应该了解什么?

通过这个问题引出造桥的技术要求,例如需要知道河的宽度,从而确定桥梁的跨度,还要根据人流量和是否过机动车确定桥梁的宽度以及对强度的要求等。

由这个实际问题引出指定的技术参数:桥面的长度和宽度、桥梁的高度、桥面的厚度以及桥面距离测试地面的高度。由于这几个参数是由一个实际的桥梁设计作为背景引出的,从而使学生对于这些参数的理解建立在实际意义的基础上,增加了任务的真实性。

2. 活动一:桥梁模型的结构设计

学生3~4人组成一个小组,开始进行桥梁结构的设计。

问题二:一座桥在设计完成后,如何确定这种设计方案在安全性上满足设计要求呢?

通过这个问题引出模拟仿真测试的必要性。学生在计算机仿真测试软件上对本组设计方案的桥梁模型进行建模和测试,并适当地进行修改,以保证桥梁的强度能够满足要求。这个环节中学生利用技术手段来辅助设计,切身体会工程设计中建模的重要作用。

3. 活动二:桥梁模型的建造

通过上一个环节中对桥梁模型的设计与仿真测试,学生清楚了桥梁结构设计中的应力相对集中的部位,从而明确了在建造中需要加强的地方。在建造环节中需要学生用系统的思想对整个项目的制作进行规划,从而训练了工程思维能力。

问题三:如何在保证技术要求的基础上合理控制造价(指定了桥梁的重量)?

解决这个问题的要点在于结合仿真测试的结果,对于应力集中的部位进行加固(增加材料),对于应力较小的部分适当地减少材料。解决这个问题的关键是将系统中权衡的思想进行实际应用。

问题四:在制作的过程中如何在工艺上保证桥梁模型的强度呢?

学生在这个环节中要确定加工中的两个重要问题:胶的选择、粘贴方法的确定。

对于胶的选择,学生要自己查找相关的资料,了解白乳胶和速干胶的化学成分以及适用的粘接材料,然后确定材料。

对于粘贴方法的选择,以两根冰棍棒为例,先让学生设计几种粘贴方法,再进行测试,最后确定最牢固的粘贴方法。这个环节让学生体会试验对于工程的重要作用,可以提前预测风险、选择最优方案。

4. 活动三:桥梁承重测试

这个环节是整个项目的高潮,每个组依次将本组的桥梁模型在前台进行承重极限测试,在测试前要对模型拍照,测试中逐渐增加承重,直至桥梁模型出现损坏,这时将极限值记录好,并再次对损坏的桥梁模型进行拍照,用于和测试前进行对比。

5. 活动四:试验报告的撰写和交流

本环节是对整个项目的梳理和总结,也是学生经过一系列活动后的反思和收获的呈现。每个组要将本组的试验报告进行汇报。

问题五:从你们的桥梁模型损坏处观察,造成损坏的原因是什么?你认为影响桥梁模型强度的因素有哪些?

桥梁模型在测试的极限值时损坏的情景对学生的冲击是非常大的,即使没有教师的追问,学生也会迫不及待地思考为什么从这里开始坏掉。因此,正是基于这样的真实需求,让学生分析影响结构强度的因素也就顺理成章。

由于每个组造成损坏的原因可能各有侧重,学生的分析重点也会不同,通过交流环节每个学生都能够了解其他小组的分析结果,从而对影响结构强度的因素能够系统地掌握。

这个案例中,五个驱动性问题都不属于具体的内容问题,而是结构设计中更为本质的问题。这些问题都是可以让学生进行迁移的问题。另外,这些本质问题是放到具体的情境中,驱动学生进行思考的,使学生能够将问题和经验建立联系。例如,问题一:如果让你来建这座桥,你第一步应该了解什么?这个问题就是引导学生思考和规划任务的第一步,桥梁模型的参数不是直接给出的,由问题引发学生进行思考:为什么需要这些参数?它们在实际桥梁设计中到底代表什么含义?由此通过驱动性问题将学生的各种经验联系起来。

案例2:如何让地铁的设施更智能、人性化

(一)项目学习目标

1. 了解传感器的发展趋势,知道传感器的作用及其应用。

2. 能够使用创新工具和公开的数据与信息进行创新设计与制造,并能进行创造性设计成果的物化实现。

3. 能够根据系统的控制要求,确定被控量、控制量,进行简单的控制系统方案的设计,并完成一个控制系统装置的制作,进行调试运行和综合评价。

4. 能够以技术与工程问题为牵引,提取和分析其中所蕴含的科学与数学问题。能够进行三维图样的绘制,从中体验意念具体化和方案物化过程中的复杂性和创造性。

(二)材料及准备

开源硬件制作材料及传感器、3D打印机、3D设计软件、编程软件。

(三)活动过程设计

1. 问题引入,明确设计要求

北京的地铁越来越发达,为我们的交通提供了很大的便利。但地铁设施有些地方可以做得更好。

问题一：你在乘坐地铁的时候，有没有发现哪些设施还可以完善或改进一下，使地铁的设施更智能化、更人性化？

通过这个环节，使学生学会用技术的眼光发现生活中的设计问题，为后面的技术设计引出一个真实的设计背景。然后学生分小组进行"头脑风暴"，从而确定本组的选题。

例如，有的小组认为地铁站限流的栏杆每次高峰过后都要人工移开，高峰期再重新摆放，非常不方便，因此将本组项目确定为：地铁自动限流杆。另外一个小组发现乘坐地铁候车时，由于不知道即将到站的列车各个车厢的人员分配情况，所以只能随机选择一个站台，往往造成某个车厢人流过于集中，而有的车厢比较空，所以将本组项目确定为：地铁车厢人流显示及引导系统。

2. 活动一：明确所确定的项目的实施方案

问题二：你们的项目用什么技术手段来实现？

这个环节是使学生能够以工程的视角来审视自己的设计主题，从整体上确定所需的关键技术、材料，即确认自己的方案能否实现。

3. 活动二：将项目进行分解，逐个解决每个子系统的技术问题

问题三：需要用到什么传感器作为输入部件，用什么作为执行部件，其工作原理和使用方法是什么？

经过第二个环节的论证后，确定了制作方案，在这个环节中就要进行项目的分解，将问题逐个解决。

例如，在"地铁自动限流杆"项目中用到人体红外传感器、舵机，在"地铁车厢人流显示及引导系统"中用到压力传感器和显示屏，每个组要分别了解各个部件的工作原理及电路连接方法，学生们应用到了物理知识来解决这个问题。

问题四：控制的程序如何设计，需要用到哪些函数？

这个环节要应用到信息技术知识和数学知识来完成控制的程序设计。

问题五：项目的外观需要设计几个部件，尺寸及外观如何设计？

这个环节要应用到信息技术的3D设计软件进行设计，设计的过程中还涉及诸如尺寸的配合、图形的绘制等数学知识。

4. 活动三：项目的组装及调试

这个环节中，每个小组要将本组的电路和外观零件进行组装，同时进行功能调试。

5. 活动四：成果交流及展示

在这个环节中，每个小组将本组的作品从选题到方案设计、方案实现到作品功能演示进行展示，并对存在的不足以及如何改进进行反思。

在这个案例中，五个驱动性问题的设计是按照设计的一般过程的关键节点进行的。例如问题一，引导学生发现问题，引发学生对常见现象进行深入的思考，从中发现设计点，并设计初步的方案。这个问题是整个任务的开始；问题二则是由方案进入模型制作环节，这个问题就需要学生对方案的可操作性进行深入的思考，并将一个大的任务进行划分；问题三和问题四分别针对电路功能部分和程序部分进行设计；问题五是整个项目的最后一个环节，外观的设计与制作，以及其整体组装。通过这几个问题，引导学生按照设计的一般过程一步一步地完成项目。同时，使学生能够实践设计的一般过程，掌握方法，这种能力则是学生可以迁移应用到其他创意类项目设计中的。

三、项目化学习策略

（一）项目化学习落实学科核心素养的要点

1. 项目化学习要以促进学生的发展作为教学的出发点

项目化学习的初衷是培养学生的动手实践能力和解决问题能力，与学科本位的教学具有明显的区别。项目化学习中需要将多种知识融入项目中，使学生通过完成一个项目来体验将知识灵活应用到解决一个问题或完成一个项目的过程。

2. 项目化学习中要强调学科的系统性和思想方法的应用

通用技术课程的新课标强调，教学不能肢解成一堂一堂的课，而应该将整个学科的知识进行系统的整合。任何一个项目的完成都需要应用到多种知识，学生在完成项目的过程中需要建构技术知识、应用技术原理、形成技术思维，从而领悟技术的思想与方法。

3. 项目化学习要使教学由"以书本为教学对象"变为"面向生活世界的教学"

传统的教学以书本知识的掌握作为教学的核心目的，强调学生知识的获得。项目化学习中的教学资源不限于教材，而是来源于生活实际的真实的项目。教学中要促使学生将知识与实际应用联系起来,注重学生学以致用的能力和学科核心素养的形成。

4. 项目化学习中要构建以学为本的课堂教学体系

在项目化学习的课堂中,教师不再是课堂的表演者,学生也不仅仅是被动的接受者。学生是完成项目的参与者和主体,整个学习过程以学生完成项目作为主线,教师是活动的引导者、帮助者,因此这种课堂教学才真正构建了以学为本的课堂。

(二) 项目化学习的教学策略

项目化学习在实施的过程中,必须采取恰当的操作策略,才能使基于核心素养的教学真正落地。结合项目化学习的特点,分别从项目内容设计、项目背景设计、项目活动设计、项目完成方式设计四个方面采取相应的策略,如图2-1所示。

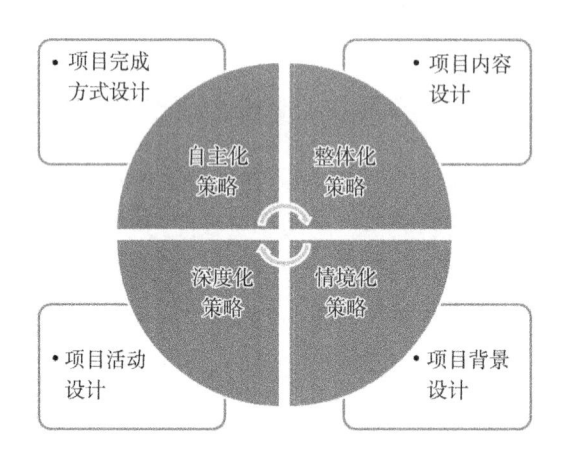

图 2-1 基于学科核心素养培养的项目教学策略

1. 项目内容设计的整体化策略

项目内容设计的整体化策略,强调的是在设计项目时,要考虑到知识之间的联系,将项目涉及的知识进行整合,学生在完成项目的过程中,要对知识进行主动的建构。项目的设计要以学科核心素养为纲,实现学科内和学科间的整合,使学科知识的学习与学科核心素养的培养形成有机的统一。

在设计一个项目时，首先要明确项目涉及的知识点，以及学科核心素养培养的具体内容。可以采用知识树、思维导图一类的工具将项目的知识点列出。以"家庭防盗报警器"项目为例，该项目涉及的学科知识结构思维导图如图2-2所示。

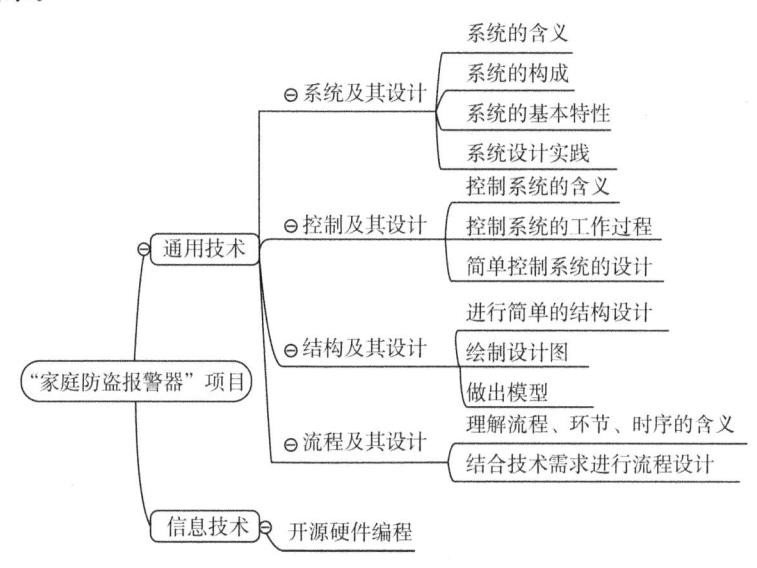

图2-2 "家庭防盗报警器"项目的知识结构

除了需要对项目涉及的学科知识点进行整体规划外，还应该以学科核心素养为纲，对项目进行统整，使项目教学过程无论从知识层面还是从学生发展的层面都有清晰完整的分析。图2-3是"家庭防盗报警器"项目的教学内容与学科核心素养的对应。

在这个"家庭防盗报警器"项目中，将《高中通用技术 必修2》的四个单元知识融入一个项目中，强调了综合应用知识来解决问题。同时，该项目还涉及了信息技术学科的程序设计的相关知识，不但需要在学科内进行整合，还需要进行跨学科的整合，只有将这些知识点融会贯通，才能很好地完成该项目。在该项目设计的过程中还要明确，学生通过完成这个项目在通用技术的学科核心素养培养方面需要达到的目标，使学科知识学习与学科核心素养的培养形成有机的统一。

2. 项目背景设计的情境化策略

整体化策略解决的是知识之间的关系问题，情境化策略解决的是知识与背

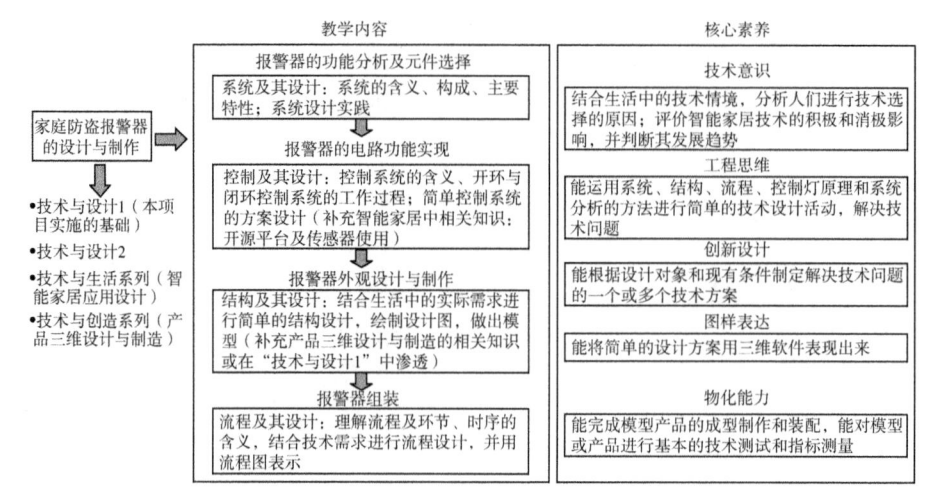

项目化学习：立德树人背景下的通用技术课程实践

教学内容	核心素养
报警器的功能分析及元件选择 系统及其设计：系统的含义、构成、主要特性；系统设计实践	**技术意识** 结合生活中的技术情境，分析人们进行技术选择的原因；评价智能家居技术的积极和消极影响，并判断其发展趋势
报警器的电路功能实现 控制及其设计：控制系统的含义、开环与闭环控制系统的工作过程；简单控制系统的方案设计（补充智能家居中相关知识：开源平台及传感器使用）	**工程思维** 能运用系统、结构、流程、控制灯原理和系统分析的方法进行简单的技术设计活动，解决技术问题
报警器外观设计与制作 结构及其设计：结合生活中的实际需求进行简单的结构设计，绘制设计图，做出模型（补充产品三维设计与制造的相关知识或"技术与设计1"中渗透）	**创新设计** 能根据设计对象和现有条件制定解决技术问题的一个或多个技术方案 **图样表达** 能将简单的设计方案用三维软件表现出来
报警器组装 流程及其设计：理解流程及环节、时序的含义，结合技术需求进行流程设计，并用流程图表示	**物化能力** 能完成模型产品的成型制作和装配，能对模型或产品进行基本的技术测试和指标测量

家庭防盗报警器的设计与制作
- 技术与设计1（本项目实施的基础）
- 技术与设计2
- 技术与生活系列（智能家居应用设计）
- 技术与创造系列（产品三维设计与制造）

图2-3 "家庭防盗报警器"项目的教学内容与学科核心素养的对应

景、理论与实践的关系问题。通用技术教学的出发点不是抽象的知识，而是知识作为一个过程，存在于一定的问题情境中，学生能够利用这些知识来解决特定的技术问题，因此，情境是沟通知识与技术思维的桥梁。

项目的情境化策略就是，通过联系生活和学生已有的经验创设技术问题情境，将技术问题还原成真实世界的问题，这样学生才能真正体验和理解知识的内在意义和价值。

以"冰棍桥模型制作"项目为例，如果教学中教师没有将该项目放到一个真实的情境中，而是直接给出任务要求：用冰棍棒制作一个桥梁模型，并给出重量要求和宽度、高度要求，完成后需要进行承重测试，学生就没有真正用技术的思维来思考这些参数的真正含义，而只是将这些要求作为制作规则，这样无疑对于学生的学科素养培养是有很大欠缺的。用情境化的设计则能够很好地解决这个问题。

同时，情境的设计除了蕴含着知识点和能力点之外，还蕴含着丰富的教育元素。教学过程中学生的技术观以及德智体美劳的各种教育元素都需要融入具体的情境中，使学生通过情境的浸润，深入理解任务背景的同时，充分感受到项目的意义，从而树立正确的技术观。例如，节水装置的设计项目，项目的情境本身就是教育学生树立可持续发展的技术观；为弱势群体设计的项目，对学生进行关爱社会、关爱他人的思想品德教育；榫卯结构的设计项目对学生进行传统建筑文化的熏陶，培养学生树立民族自信；烘焙模具的设计、清洁小工具的设计项目则是引导学生积极参与家庭生活劳动，培养学生的劳动素养。

3. 项目活动设计的深度化策略

从学科的角度来说，教学要有深度，也就是要体现学科本质，用学科特有的精神和文化打造学生的学科素养，用学科特有的魅力和美感去激发学生的学习动力。

通用技术的项目化学习往往会陷入活动设计的浅层化，主要表现在两个方面。

(1) 项目知识的浅层化

项目知识的浅层化主要体现在项目的设计偏重知识和技能本身，而没有深入挖掘知识蕴含的技术思想与方法。

例如，将"三视图的绘制"设计在项目中，如果仅强调三视图的绘制方法和相关的技术规范，只关注学生绘制技能层面的掌握，就会使项目知识陷入浅层化。另外一种设计是将"三视图的绘制"融入一个具体的制作项目中，使学生理解三视图的绘制目的是用于方案的交流与表达，其中的技术规范是大家必须统一遵循的技术标准，学生进而深入理解技术标准对于技术交流的重要意义。前者的设计是教师对于学科基本结构的把握不够，对于学科知识的理解不足，从而降低了项目教学的品质与深度。后者则很好地把握了"三视图"在整个技术与设计过程中的地位，深入挖掘了三视图中蕴含的技术思想与方法，从而避免了项目知识的浅层化。

(2) 完成项目过程中学生思维的浅层化

在项目教学中，学生陷入思维的浅层化，主要有两种表现方式：其一，项目的活动设计使学生仅仅进行技能模仿，没有进行技术层面的思考；其二，项目活动设计中缺乏教师的引领，学生的思维处于无序的思考状态，学生不能从整体上构建知识间的联系。

在项目教学的活动设计中，深度化策略的关注点是在活动设计中，不仅要关注知识和技能，还要挖掘技术中蕴含的"人的存在"，强化有助于思维形成和文化感悟的项目活动，以及体验技术育人整体价值的深度实践活动。项目的活动设计要体现通用技术学科对学生能力培养的独特性，包括：意念的表达能力与将理念转化为操作方案的能力;知识的整合、应用及物化的能力;面向真实世界和物质世界进行创造的能力;基于可靠性、性价比的方案权衡和优化的能力;将有形的创造物转化为无形的智慧、将无形的智慧转化为有形的创造物的能力。

例如,在"智能垃圾箱设计与制作"项目的活动设计中,让学生经历多次"实践"与"认识"的循环,建构技术知识,应用技术原理,体悟设计过程,形成构思、绘图、操作、试验、评价等技术学习经验,以及在设计中理解"人机关系"对于设计的重要意义、如何在设计中体现"以人为本"的精神。在项目活动设计中,学生通过小组设计不同的方案,并对不同的方案进行比较和权衡,从而确定最终方案,体验并逐步形成权衡决策、系统观念、工程建模等技术思想与方法,发展工程思维。学生凭借这些技术思想与方法,就能不断地主动获取新的知识与技能,从而由"学会"变成"会学",在"动手"与"动脑"之间保持平衡,由"动手做"走向"动脑做",真正实现项目活动的深刻性。

4. 项目的学习方式自主化策略

项目教学中的自主化学习是指在制作项目的过程中,由学生自主完成明确任务、制定方案、项目制作、测试改进等步骤,在整个活动过程中体验丰富多彩的学习经验并产生个性化的创造表现。这种自主化学习的效果如何,往往取决于学生的学习兴趣、个人能力和自我约束能力。因此,项目教学中的自主化策略需要强调在给学生充分的自主空间的前提下,也要充分发挥教师的引导作用。

在项目学习过程中,学生的自律性、自主性都存在差异,这种差异导致学习的有效性也有很大的差异,因此,学习过程中的引导非常重要。教师的引导作用要体现在项目实施的各个环节。在项目前期,教师要给出明确的要求,让学生明确目标、过程、方法、成果及具体的评价方法;在项目完成过程中,教师要及时提供相关资源,组织学生,管理学习进度,进行适当的监督和评价,解决学生遇到的难题等;在项目结束时,教师要及时对学生的项目完成情况进行评价并给出反馈。

对学生而言,在完成项目过程中获得学科的活动经验是核心素养发展的重要渠道,因此,在项目的设计和实施过程中,教师要把握学科知识体系,在项目中将知识进行整合,使学生从整体上把握知识间的联系。同时,还要从教学需要出发,引出、制造或创设与项目内容相适应的具体场景和氛围,提供给学生思考空间的知识背景,进而给出诱发学生提出问题、解决问题的信息材料。在学生完成项目的过程中,教师要关注学生技术与工程思维等高阶思维的形成与发展,在给予学生充分的自主学习空间的前提下,充分发挥教师的组织和引导作用,从而使项目教学在技术学科的育人价值和培养学生的学科核心素养方面发挥有效的作用。

四、项目化学习流程

通用技术的项目化学习有共同的特点,基本都是基于一个真实的设计问题,设计出解决的方案,并通过模型或原型的方式进行物化。通用技术项目化学习的流程如图2-4所示。

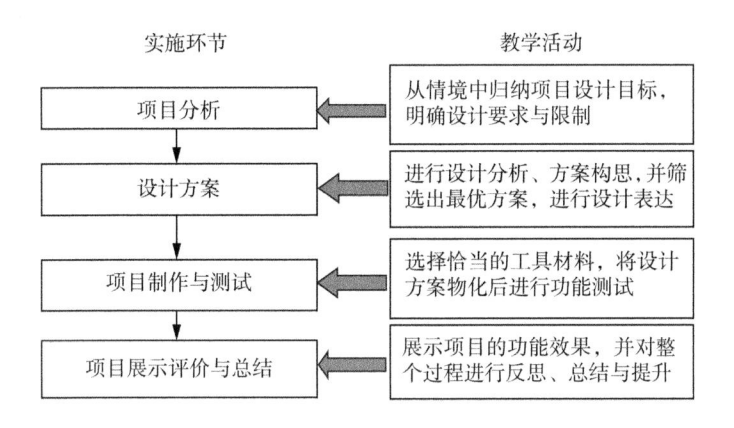

实施环节	教学活动
项目分析	从情境中归纳项目设计目标,明确设计要求与限制
设计方案	进行设计分析、方案构思,并筛选出最优方案,进行设计表达
项目制作与测试	选择恰当的工具材料,将设计方案物化后进行功能测试
项目展示评价与总结	展示项目的功能效果,并对整个过程进行反思、总结与提升

图 2-4 通用技术项目化学习的流程

(一) 项目分析

在项目分析过程中,要将任务融入一个真实的情境中,使学生能够通过情境提炼出要解决的问题,并明确项目的任务和要求。同时,情境中还要充分挖掘育人因素,使学生在情境中潜移默化地接受德智体美劳等方面的教育。教师有时候会存在一定的思考误区:为什么不直接告诉学生需要做什么以及具体要求呢?因为基于素养的教育培养的是学生分析问题和解决问题的能力,学生在独立面对生活或者学习中的真实问题时没有人帮他把问题提炼出来,需要他本身具备从真实的情境中提炼问题的能力，这种能力的形成需要学生在学习过程中逐步培养，这也是这个环节不能省略的一个最重要的原因。

（二）设计方案

设计方案的过程是对学生多种能力进行提升的过程，首先是学生的发散思维和创新设计能力的培养，学生需要针对待解决的问题提出多个可能的方案，另外还需要学生对多个方案进行比较和权衡，这也就是工程思维的培养过程。在项目化学习过程中，学生都是以小组为单位的，因此，学生还需要将自己的方案通过语言、图样等多种形式表达出来，与组员进行交流探讨，这个环节还培养了学生的图样表达能力和与他人沟通交流的能力。

（三）项目制作与测试

在这个环节中，学生以小组为单位，进行分工合作，选择恰当的材料和工具，完成模型或原型的制作、装配、测试。这个环节主要培养学生的物化能力。这也是通用技术课程中最具学科特点的一个环节。通过这个环节，学生不但需要掌握相应的工具、基本设备的使用方法，掌握常见的工艺方法，还会通过实际操作形成一定的操作经验和感悟，并体验工匠精神对技术制造质量的独特作用，形成物化过程中严谨细致、精益求精、追求卓越的工作态度。

（四）项目展示评价与总结

通过项目展示与评价，学生充分体验学习的成就感，并能够应用设计的原则对作品进行评价，通过评价过程，包括自评和他评，使学生能够对学习过程进行反思，从而培养学生的元认知能力。反思的过程也是学生自我提升的过程。在教学中，教师要避免评价"走过场"的误区。项目化学习的粗放化问题其中一个表现就是展示评价环节粗放化，教师没有引导学生对学习过程、作品进行深刻的反思，使评价过程流于形式。

五、项目化学习评价的设计

项目化学习评价从学生和教师两个角度进行评价。

为了获得良好的效果，项目评价要做到既能够对学生的学习成果进行合理公正的评价,也要关注学生学习的过程;既要加强教师的评价力度和水平,也要发挥学生自评和他评的作用。利用评价的内在激励和诊断作用,有效地帮助学生更好地认识自己,建立自信,正视不足,在原有基础上取得进步。

(一) 对教师的评价

对教师的评价,主要从项目化学习设计、教学实施、教学效果三个方面进行。用以促进教师对整个项目化学习过程的反思,从项目化学习设计环节开始,教师应具备项目的整体观,使项目化学习的目标清晰,教学过程要针对学生自主性强的特点,资源尽量丰富,满足学生的个性化需求。

用新课程理念评价教师的教学工作,可以从态度、实践、创新、成效等方面评价教师的备课、上课、辅导等一系列的设计与实施过程。

为了保证项目化学习的全过程不偏离技术素养的培养目标,提升教师项目化学习设计与实施的品质,我们可根据项目化学习评价要素指标体系对教师教学进行评价,教师也可以依据相应的要素和问题对项目化学习的全过程进行反思,从而提升项目化学习的质量。项目化学习设计与实施的评价要素指标体系如表 2-2 所示。

表 2-2 项目化学习设计与实施的评价要素指标体系

评价要素		标准
项目设计	□ 情境	融入学科关键知识、能力等技术素养目标的真实问题情境
	□ 目标	充分挖掘了项目的教育价值,技术素养目标清晰、可达成
	□ 资源	有充分而丰富的各类资源准备
项目实施	□ 个性辅导	引导学生积极自主探索,项目实施高效
	□ 实施过程	开放而有序,围绕培养目标展开
	□ 学生活动	充分调动学生的主动性,引发学生的深度思维活动
项目评价	□ 评价标准	过程与结果的综合评价,评价指标全面,标准合理
	□ 评价主体	真正实现多元主体评价,不流于形式
	□ 评价导向	评价有助于学生的反思和提升

"评价要素"重在引导教师关注项目设计的重要因素,"问题列举"侧重于引导教师在开展项目教学时通过问题思考,对整体教学设计与实施进行核查与反思,从而保证项目化学习具有较高的品质。

（二）对学生的评价

发挥评价的激励与促进发展功能，把过程性评价与终结性评价结合起来，在评价内容上，既重视知识与技能的评价，也关注学生学习的积极性与主动性、自信心、兴趣等方面。采用过程记录性材料和作品结合进行评价。在评价主体上，改变单一的由教师评价的状况，结合学生自评、互评，使评价更为民主、客观。对学生进行评价的要素如表2-3所示。

表2-3 对学生进行评价的要素

设计要素	说明
理念	评价用以促进学生的学习、反思和提高，为教师进一步改进教学提供思路
评价者	体现评价主体的多元，学生参与到评价过程中，进而激发学生主动参与的意识
评价形式	过程与结果并重，过程性评价可以采用观察、阶段物化成果、学生的学习过程档案等多种形式；最终结果评价着重任务的完成效果，并引导学生进一步优化
评价内容	过程性评价突出学生学习态度、技术意识、创新精神、工匠精神、劳动品质、小组合作等方面；终结性评价侧重学生技术知识、能力的综合运用

通用技术课程倡导终结性评价和过程性评价相结合，使评价的价值由判定转向支持，过程性评价是项目化学习中的一个难点。本研究引入了项目管理的思想，在学生进行项目管理的过程中保留学生技术素养发展的轨迹，并针对这些物化的档案设计相应的评价指标。基于项目管理思想的项目教学评价核心要素如表2-4所示。

表2-4 基于项目管理思想的项目教学评价核心要素

阶段	评价内容	评价内容物化	评价指标要点
项目准备	发现新问题	1. 小组"头脑风暴"的思维导图；2. 需求调查报告	参与度：能体现所有成员的参与情况；问题质量：有价值、可操作、有创新
	问题分析	项目目标分解表	满足SMART原则：具体、可衡量、可达到、有相关性、有明确的截止期限
项目设计	项目方案	项目设计报告	方案质量：解决问题的方法具有创新性；方案可行性：充分考虑了限制条件、可完成
	工作结构分解	工作结构分解的表格与甘特图	分工：任务分解恰当、人员分工合理；流程：流程清晰、时间安排合理

续表

阶段	评价内容	评价内容物化	评价指标要点
项目实施	项目制作	1. 实施过程关键点的照片、文字记录； 2. 对经验或教训的反思	真实、有思考、体现实施关键点
项目评价	项目最终成果	项目作品及演示	完成度：完成预期方案； 质量：能够实现功能、做工精美、体现技术的人文理念

教师可以根据实际情况参照评价指标要点制定具体的评价量表。例如，教师根据评价指标要点对学生在发现问题阶段设计"头脑风暴"过程的评价量规。项目构思"头脑风暴"思维导图评价量规如表2-5所示。

表2-5　项目构思"头脑风暴"思维导图评价量规

评价内容	评价等级 A	B	C	自评	他评
观点	成员充分探讨，体现出的观点多	探讨基本充分，能体现出不同的观点	探讨不够充分，观点数量少		
参与	能体现出全员参与	体现出组内大部分同学参与	体现出只有小部分成员参与		
创新	图中体现出多种创新性观点	图中有创新性的观点	图中基本没有创新性观点		
数字化工具应用	能够应用思维导图软件绘制精美的思维导图并完整体现参与人员的观点	能够应用思维导图软件完成思维导图的绘制	没有使用思维导图绘制		

在对项目化学习进行评价时，会涉及很多表格，对教师和学生的时间和精力要求比较高。因此，教师需要对评价进行精选，对于不同的项目选择相对重点的指标进行评价。还可以通过整合性的评价量规，将评价成果和学生在学习过程中的表现、探究过程、反思等整合在一张表上，方便记录和整理、保存。

六、基于课程标准的通用技术项目化学习体系的设计

由于通用技术课程中项目化学习的覆盖面较大，因此必然要考虑各个项目间的关系，以课程标准为纲，将教材内容进行整合，并将各个模块进行整体规

划,一体打造,使项目间成为体系,才能使项目化学习很好地与课程标准对接,解决项目设计的粗放化问题。基于项目化学习的高中通用技术课程整体框架如图2-5所示。

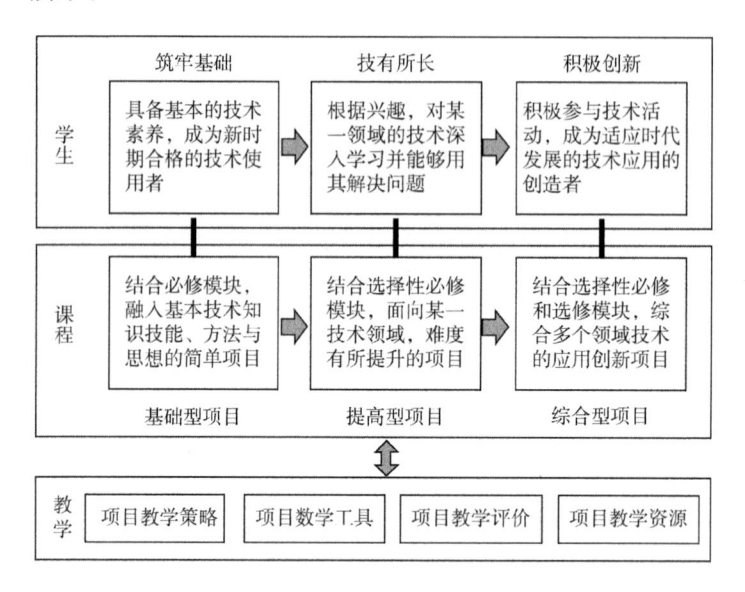

图2-5 基于项目化学习的高中通用技术课程整体框架

通用技术课程的项目化实施,面临着以什么样的标准对项目进行统整、学科核心素养的要求怎么落实的问题。可以将技术素养的培养划分为三个层次:筑牢基础、技有所长、积极创新,以学科核心素养的要求为标准,将其整合成三个层次的项目,分别设计基础型、提高型、综合型的项目系列,三类项目的难度不同,对应的课程标准模块也不同。同时,还需要从教学层面将项目教学"精细化",解决教师设计项目随意性强的问题,从项目化学习的策略、工具、评价、资源等方面进行有针对性的设计,从而保障项目化学习的质量。

通用技术课程有些模块和信息技术课程存在交叉情况,而且有些项目内容的实现需要学生具备一定的信息技术基础,因此,在设计通用技术项目系列时,需要综合考虑信息技术相应的模块内容。学校可以基于自身的软硬件条件,选择相应的模块进行设计。图2-6针对不同的模块要求,设计了三类项目,每类项目对学生的要求不同,并充分考虑了必修和选择性必修、选修模块的学习要求。必修课程内容作为基础型项目对应的模块,所有学生都需要完成。将部分选择性必修内容对应提高型项目,学生选择其中一个系列完成。将部分选修模块内容对应综合型项目,学生进行选修。

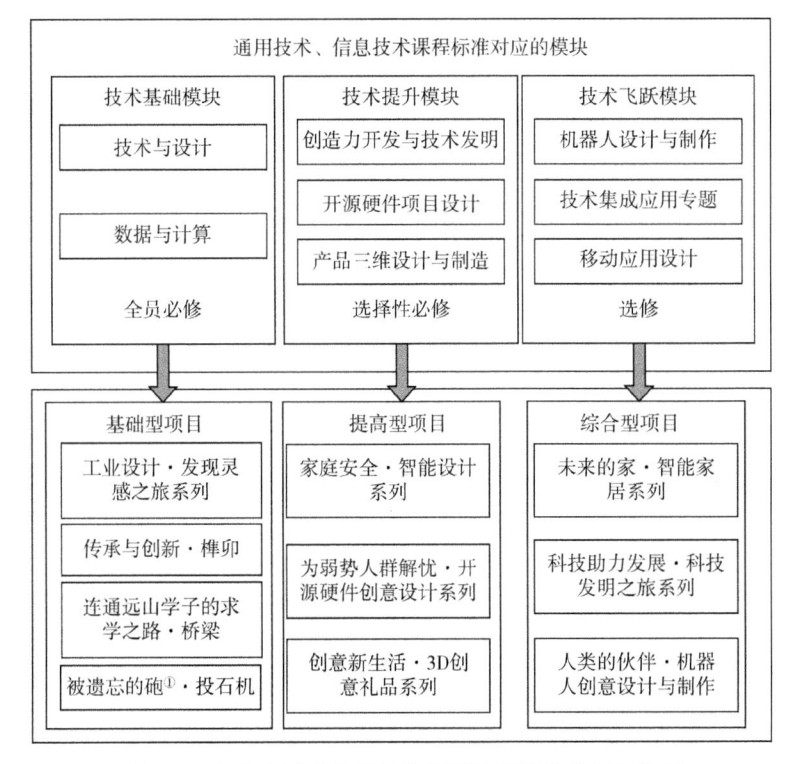

图 2-6 与信息技术进行整体规划的通用技术项目体系

三类项目的构成及学习要求具体如下:

(1)基础型项目:以通用技术的必修模块《技术与设计1》《技术与设计2》中的核心内容为载体,结合信息技术相关模块内容,将其融入相对简单的项目中,面向所有学生,通过该部分的学习,使学生掌握一般的技术设计过程,具备基本的技术素养。

(2)提高型项目:以通用技术、信息技术选择性必修模块作为知识载体,面向某一技术领域专题,学生根据兴趣选择其中的某一个专题进行学习,使学生学有所长。

---

① 古代投石车叫砲车,现代汉语中"砲"为异体字,采用"炮"字。

（3）综合型项目：以通用技术、信息技术部分选择性必修和选修模块作为知识载体，项目综合了多个技术领域的专题内容，难度相应提高，更加关注学生创新能力的培养，学生根据兴趣进行选修。

第二节　通用技术项目化学习工具设计

一、教师教学工具

通用技术的项目化学习要想解决粗放化的问题，从目标到过程、资源等的设计都要进行细化。因此，可以借助于一些设计工具对项目化学习从设计到实施进行细致的规划，避免教学进入"放羊"式的状态，使教学达不到学科核心素养培养的要求。

（一）项目目标细分表

在教学过程中，可以将通用技术学科核心素养和立德树人的目标划分为以下几类：意识、思维、能力、品质。其中，意识目标主要是核心素养中的技术意识目标；思维目标主要包括在设计活动中体现出的工程思维；能力目标体现在学生完成项目过程中的创新设计、图样表达、物化能力素养中；品质目标主要包含立德树人目标中的德智体美劳教育目标、传统文化教育、爱国主义教育、社会主义核心价值观教育等目标。将这些目标细化到项目化学习的各个环节中，使这些目标能够指引项目化学习始终不偏离学习的方向，并且每个阶段都有相应的目标用于评价。"创意台灯"项目目标细分表应用案例如表2-6所示。

表2-6　"创意台灯"项目目标细分表应用案例

环节	素养目标	目标内容
明确项目	品质	以人为本的设计理念，体现人文关怀
方案设计	思维	能够进行创新性构思； 能够进行多方案的比较、权衡
	能力	能够进行创新性方案设计并进行表达
	意识	具有材料选择的环保意识

续表

环节	素养目标	目标内容
制作模型	思维	能够对制作过程统筹规划
	能力	能够将方案进行物化,完成模型制作; 对于制作过程中遇到的问题能够自主恰当地解决
	品质	制作过程中对焊接、外观等方面精益求精的工匠精神; 善于小组合作
评价交流	能力	能够清晰地对本组的设计方案进行介绍
	品质	在听取他人介绍和评价过程中,能尊重他人; 听取他人意见时保持谦虚的态度

(二)辅导资源分析表

传统的教学方式由教师把控课堂,使教学过程相对容易掌控,教师在教学中能够有条不紊地按照一定的节奏进行学习的推进。而项目化学习的开放性较大,学生的个性化问题较多,教师需要在教学设计阶段针对学生可能出现的问题进行预测,并准备充分的指导方案和资源。从而使教师在教学过程中能够集中精力在更加个性化的问题辅导中,通过减少重复性的指导来达到减轻教师辅导工作量的效果,更能够使教师避免忙乱,从而掌控教学的节奏。教师辅导资源分析表就是教师用于设计项目教学过程中,对项目实施环节解决多样化问题进行指导和准备,对可能遇到的问题进行预设,并设计相应的辅导方案。项目辅导资源分析表模板如表 2-7 所示。

表 2-7 项目辅导资源分析表模板

环节	学生问题预测	指导方案及资源设计
	(知识问题、操作技能问题、方法问题)	(个别现场指导、微课、技能操作视频、文本资料)
项目设计	(学生的知识基础以及技术思维水平对设计方案可能产生的影响)	(拓展学生的知识领域,开阔视野,为学生提供多样化的背景材料,以支撑学生的多样化设计)

续表

项目制作	（学生物化能力对项目完成的影响）	（提供应对学生物化能力差异较大的个性化指导资源）
项目测试与评价	（学生能否全面系统地测试与分析物化成果，并进行客观的评价）	（提供技术思维方面的指导资源）

（三）项目深度活动设计表

项目化学习有利于学生进行深度学习，深度学习的效果则需要通过深度活动体现出来，因此，教师在设计项目化学习的过程中，需要在项目实施过程中设计相应的深度活动。

深度活动设计的要点包括：

（1）设计有关发散思维和收敛思维的相关活动；

（2）活动中关注工程思维发展和技术素养的形成。

"家庭防盗报警器"项目中设计的深度活动如表2-8所示。

表2-8 "家庭防盗报警器"项目深度活动设计表

深度活动内容	目的
由家庭防盗报警器引出智能家居，讨论并调查智能家居的发展现状和趋势	了解当前科技发展的现状，激发对科技的兴趣和求知欲，提高从社会大背景下提出设计方案的能力
小组开展"头脑风暴"，设计防盗报警器的各种方案并进行比较、权衡	提高基于可靠性、性价比等方面的方案权衡和优化的能力
总结制作过程中出现的问题，并分析原因	提高学生反思能力，能够从失败中总结经验

从"家庭防盗报警器"项目的设计过程可以看出，在项目实施的三个阶段分别设计了相应的深度活动，并明确了该深度活动设计的目的。学生深入参与这些活动后，学生通过项目化学习获得的能力则是可以迁移的能力，简言之就是学生核心素养的提升。

(四) 项目实施学生自主活动引导表

项目化学习中,学生的自主性较强,在制作项目的过程中,由学生自主完成明确任务、制定方案、项目制作、测试改进等步骤。但同时也会产生自主完成项目过程中的无序、管理困难等问题,因此,项目化学习不是要弱化教师的作用,而是使教师的角色发生变化,由教学的讲授者变为引导者。要在每个环节中明确学生的具体活动是什么、教师在每个阶段的引导作用是什么,使教学始终处在一种自由而有序的状态,最大程度地发挥教师的引导作用。学生自主活动引导表(表 2-9)可以帮助教师规划每一个环节中教师和学生的活动。

表 2-9 学生自主活动引导表

环节	学生自主活动	教师引导
项目引入	充分了解项目背景,查找资料,明确设计问题、条件	引入项目背景,使学生明确目标、过程、方法、成果及具体的评价方法
项目方案设计	组内充分讨论,提出多种方案,分析各种方案的利弊,权衡决策	了解各组方案,提供个性化指导
项目制作	小组分工协作,完成项目制作,总结记录制作过程中的问题	提供相关资源与指导,组织学生,管理学习进度
项目评价	展示、分析、评价项目成果,反思并提出改进方案	对项目完成情况进行评价并给出反馈

(五) 项目评价工具

项目评价有多重目的,一方面评价学生的最终作品,另一方面对学生在学习过程中的参与程度和质量进行评价,同时还需要通过评价使学生反思学习过程,总结经验,吸取教训。基于项目管理思想的项目教学评价方式,可以实现评价与项目教学互证互进。

通用技术课程倡导终结性评价和过程性评价相结合,使评价的价值由判定转向支持,过程性评价是项目教学中的一个难点。引入项目管理的思想,在学生进行项目管理的过程中,保留学生技术素养发展的轨迹,并针对这些物化的档案设计相应的评价指标。

教师可以根据实际情况,在项目化学习的不同阶段,对应评价内容,将过程性记录采用一定的物化形式,并参照评价指标要点制定针对该物化形式的评价量表,使过程性评价更加可观察、可测量。

以上这些针对教师教学的项目化学习工具在教学中并非在一个项目中全部完成，而是可以针对项目需要进行重点考察和评价的侧重点，有选择地使用。

二、学生学习工具

（一）支持学生深度思维显性化的工具

工程思维是一种以系统分析和比较权衡为核心的筹划性思维，强调把分析思维和综合思维结合起来，注重在考虑整体的前提下具体解决局部的问题。针对学生在项目设计与制作过程中缺乏整体观，导致项目成果不理想的问题，可以通过辅助学生学习进行工程思维培养的工具来使学生理清思路。

通过系统设计分析表使学生在设计之初，对问题的描述、设计要求、约束条件以及项目的核心问题进行系统的分析。系统设计抉择表可以使学生对于设计的多种方案进行全方位的比较，从而避免了在制作过程中发现无法解决的设计问题，通过这个环节使学生养成系统地分析设计问题并以工程思维的角度思考设计问题的习惯。以"智能窗户"这个项目为例，学生在进行项目设计与制作过程中用到的系统设计分析表和系统设计抉择表可以辅助学生由创意构思的发散思维向确定方案的聚合思维过渡。系统设计分析表的应用案例如表2-10所示，系统设计抉择表的应用案例如表2-11所示。

表2-10 系统设计分析表的应用案例

设计内容	智能窗户
问题陈述	窗户具有一个或多个智能功能
设计要求	能够设计一个具有防范危险、智能提醒、保证健康等功能中的一个或多个功能的窗户
约束条件	成本尽量低廉； 功能能够实现
核心内容	检测、控制部件的选择； 外观的制作方式及材料的选择

表 2-11 系统设计抉择表的应用案例

核心内容	设计要求	"头脑风暴"解决方案	解决方案描述	评价(1—5)
雾霾检测功能的设计	功能方便实现,价格低廉	激光 $PM_{2.5}$ 粉尘传感器	精度高,可以检测到 $0.3\ \mu m$ 以上颗粒,价格高	4
		红外 $PM_{2.5}$ 粉尘传感器	精度低,只能检测大于 $1\ \mu m$ 的颗粒,价格低	3
智能窗户外观的制作方式及材料的选择	方便加工、使用	薄木板或亚克力板;激光切割加工	对拼接的精度要求较高,制作大模型方便	4
		3D打印	一次成型,容易实现多种造型,制作大模型较困难	3

(二) 学习过程管理与评价工具

项目化学习中学生要学会管理学习进度,进行适当的自我监督和评价。项目化学习基本都是以学生小组为单位进行项目设计制作,因此,可以通过"项目学习管理及评价表"(表 2-12)使学生实现学习过程的自我管理、自我评价,从而充分体现项目教学的自主化策略。这个表分成两部分:其中项目过程管理与评价主要以学生自我管理和评价为主,使学生能够审视自己在项目制作过程中的表现,归纳方法,及时修正自己的学习状态;另一部分是项目作品评价,分别从不同的角度评价学生的创新作品。

表 2-12 项目学习管理及评价表

项目过程管理与评价		
内容	自评描述	得分(10分)
项目进度管理		
学习态度		
方法的总结		
合作与交流		
反思		

续表

项目作品评价					
评价维度	权重	分值			得分
^	^	8~10分(A)	4~6分(B)	0~2分(C)	^
方案设计	10	设计新颖、功能完善,贴近现实生活、关注热点问题,解决实际需求	复现生产生活产品状态,表达基本原理和结构	具有基础性设计思想及理念	
方案呈现	10	文本表达、展示演示、设计草图、设计效果图、设计加工图	以适当方法呈现设计方案	初步表达设计方案	
材料选择	10	材料选择恰当合理,呈现效果好,具有合理的性能价格比	材料易于获取及加工,能够呈现和表达设计方案	选择材料与设计方案相适应	
工具工艺	10	选择适合的加工工艺,使用合理的加工工具,加工效果能够实现设计功能及呈现设计效果	能够展示基础加工工艺及工具的使用与操作效果	基础加工工具及工艺的使用	
作品成型	10	具有基本结构及强度,能够实现设计功能,呈现设计效果	具有基本结构及强度,表达设计功能及效果	具有基本外观结构	

第三节　通用技术项目化学习资源设计

一、基于项目化学习的课程资源建设指导思想

教学资源库是各类教学资源的存储平台。首先进行教学资源的建设,然后再将建设好的教学资源进行组织和管理,存放到教学资源平台中。教学资源库作为各类教学资源的组织管理平台,并不是对教学资源的简单堆积。教学资源库必须为课程教学服务,且教学资源与学习者密切相关,是可以不断进行完善

与更新的共享性教学平台。

资源建设绝不只是教学资源的无意义堆积,资源建设需要充分体现教学性与服务性,以此来发挥其重要作用。课程教学资源建设的目的主要是为学习者提供优质的学习资源,使学习者可以快速获取所需要的资源信息。在进行课程教学资源建设时,应遵循以下指导思想。

(一) 重视理论与实践相结合

建设课程资源不仅是为了满足学生对丰富理论知识的学习,更是为了培养学生实践能力与交流协作能力。因此,资源建设应注重理论资源与实践资源并重,通过对课程理论知识的学习,观摩优秀案例,在完成项目任务过程中,将理论知识有效地运用到具体实践中,完成知识的意义建构,提升自身的核心素养。

(二) 重视学生需求与主体地位

在项目化学习中,不再以教师为中心,因此,课程资源建设需要重视学生的主体地位,从分析学生的学习动机和特点以及实际需求出发,建设优质的教学资源,解决学习过程中的疑难问题,为项目化学习的顺利开展提供资源支撑和保障,便于教师教学与学生学习。同时在课程学习过程中,学生可以自主选择学习资源与学习方式,这样可以提高学习积极性与主动性。课程资源的设计要符合项目化学习和碎片化学习的特点,将课程资源设计思路细化到可能影响整个资源建设过程的问题,考虑全面,进行准确定位。

(三) 重视隐性知识向显性知识的转化

知识可以分为显性知识和隐性知识,知识的获得可以以显性的方式发生,也可以以隐性的形式出现,所以教学资源也有显性和隐性之分。显性资源是学生主动去学习并掌握的资源,隐性资源则是学生不用有意去学习的相关信息。显性资源主要包括所有用于学习与教学的资源,由教师设计、开发并提供给学生自主学习;隐性资源是学生自身的知识背景和经验,需要通过一定的行为呈现出来,项目化学习中的交流协作有利于挖掘学习者的隐性资源。通过项目化学习的经验交流、作品评价以及协作学习,促进隐性知识转化为显性知识。

（四）重视资源的关联性和共享性

课程教学资源不是以独立的形式存在的，是基于课程结构与项目模块进行建设的，知识点之间具有关联性与系统性。学习资源以一定的组织方式存在，资源建设过程中应将其看作一个整体，紧紧围绕课程知识与项目模块进行建设，注重资源与教学过程的一致性。基于学生需求及项目需要，设计多元化的资源类型，使其成为系统的完整的课程教学资源，以便于教师和学生使用。在进行课程教学资源建设时，从课程资源整体出发，全方位考虑课程资源的建设目的和需求，对资源进行整体规划和设计，以保证资源内在的关联性。为避免资源的重复建设，课程资源设计应采用标准的数据格式、科学的资源分类方法，便于与其他平台的资源进行整合与分享，最大限度地发挥教学资源的价值。建设的资源除了能支持项目化学习，其他内容性资源也应支持多种教学方式，课程资源结构的模块化设计有利于资源的整合，扩大使用范围。

（五）注重创新性与时效性

资源建设是一个不断螺旋上升的过程，不是一成不变的，教学资源应当跟随专业发展趋势，在资源内容表现形式和技术上进行创新，同时课程资源能够支持教学方法的创新，重视学生创新能力的培养。在内容上，教学资源所选取的知识和采用的教学实践方法，应支持现代化教学的需要和新教学模式的探索、展开，推动教学模式的创新和教育教学改革。学生需要不断提升自身核心素养才能适应社会需求，教学资源也需要贴近学生实际需求，这就要求教师对课程学习资源进行不断完善与更新，保证资源的有效性与可靠性，同时需要随时增加相应的资源模块，便于教师与学生长期使用。

二、项目化学习课程资源的建设方法

项目化学习课程资源建设的思路是：以项目化学习理论为指导，重组课程内容核心，以课程资源建设为基础，以科学组织资源素材为重点，以提升教学效果和学习效率为最终目标。下面将从课程内容重组、课程教学资源建设和资源素材的组织三个角度来阐述建设的方法。

（一）课程内容重组

基于项目化学习的课程资源建设的课程内容设计，不再是传统的实现教学资源数字化和多媒体化，由于教材内容很少提及如何科学地将理论知识应用到实际项目任务和实践中，所以需要根据项目任务对教学内容进行重组和设计。在项目化学习中，一个项目任务由若干个子项目和一个终极项目组成，教师首先对项目任务进行详细的介绍，然后对学生进行分组，并围绕各自的项目任务进行自主和协作学习，最后以项目完成情况来评价学生是否达到教学目标。基于项目的课程内容重组思路是：将技术知识与具体项目任务相结合，然后将项目任务划分为若干个基础项目，分别作为单个知识点的应用案例，完成项目后，可以将各基础项目集成一个综合应用项目。

（二）课程教学资源建设

教学资源也称教学材料，是呈现教学内容的主要方式。教学资源包括电子教材、课程介绍、教学参考材料、教学视频、多媒体课件以及工具软件等。为了更好地满足学生学习需要，必须对传统的教学资源进行加工设计，从而满足项目化学习需要。将传统的资源素材，按照知识点和项目任务进行分割和加工设计，转变成多个微小的、模块化的教学资源，实现学生的碎片化学习，从而提升项目完成进度和学习效果。教学视频按知识点内容进行制作，时间无须过长，教学媒体课件也以知识点为单位进行制作，教学素材的微型化处理可以为后期的资源素材组织提供方便。

（三）资源素材的组织

课程教学资源是对资源素材的合理组织，资源素材组织的科学与否直接影响课程资源的实用性。传统课程资源的教学素材，先按照教学素材的类型进行组织，比如将教学课件、教学视频和习题归为同一层级，再按章节或学时进行组织。传统组织方式的不足主要体现在相同知识点的资源素材过于分散，不利于学生快速查找。利用项目任务来组织资源素材，首先将同一知识点的各种资源素材组织在一起；其次是进行资源分类，设计学习方案，为不同阶段的学习者设计个性化的学习方案;最后增强资源交互设计,促进学生交流协作学习。课程教学资源建设参考标准如表 2-13 所示。

表 2-13 课程教学资源建设参考标准

建设指标	具体内容	建设规范
教学资源与内容设计	文字性资源	表述准确无歧义,简洁易懂,概括性强,字体统一(特殊信息除外)。适用于概念类及语言类知识的描述与呈现
	图片资源	风格及尺寸统一,采用主流格式,图片清晰可见,内容明确。适用于直观体现抽象概念及实时性内容
	音频资源	音质清晰连贯,格式统一,发音标准
	视频资源	画质清晰,画面稳定,播放流畅,尺寸与格式统一,动态表现力强。视频资源应以微视频为主
	教学课件资源	主题鲜明,逻辑性强,采用主流格式。素材成体系,教学单元知识体系结构完整,内容组织与结构合理,知识关联清晰,内容与目标一致,注重实效性与实用性
	教学内容编排	学习内容划分得当,形成多层次、模块化的内容体系,适合学生进行项目学习和移动学习
	项目任务练习	难度适中的项目任务,能提供给学生指导性学习
	拓展知识	提供深层次、多元化的拓展学习内容,帮助学生更好地理解和掌握专业前沿知识
资源管理平台界面设计	按钮	按钮名称应通俗易懂,用词准确,与同级按钮易于区分
	分辨率	所有学习资源按高分辨率屏幕设计,以保证在不同设备上清晰可见
	界面效果	界面设计简洁明了、布局合理、重点突出,视觉效果好
教学支持	技术支持	提供多种互动方式,支持实时与非实时的学习交流与答疑
	学习激励	营造良好、安全的网络学习社区氛围,给予学生持续、有效、主动学习的支持与指导
	资源更新	保持资源持续更新,方便学生及时获取前沿学习资源

三、项目化学习资源库的设计

项目化学习的开放性较强,在学生自主探究制作的学习方式下,我们会遇到很多问题,如果资源准备不足、所有的问题都需要教师一一帮助,无疑是不现实的。因此,与项目化学习相配套的辅助资源的设计就显得尤为重要:一方面可以减轻教师的指导压力;另一方面可以培养学生借助资源自主解决问题的能力。

一般来说,项目化学习中所设计的项目相对综合,且需要学生进行一段时间的学习,因此,所用课时也相对较多。每个项目中涉及的核心知识点、技术原理、技术操作内容也较为丰富,但这种项目学习会因学生水平等方面的差异较大、问题较为分散,从而对教师在学习过程中的指导作用提出了较高的要求。教师既需要做好个性化的引导,又要照顾整体的进度。因此,满足不同学生的需求就需要借助一定的资源。教师可以将一个大的项目的核心知识点进行分散处理,将其分解后应用到一个微项目中,学生通过微项目完成专题性的学习,掌握完成一个大的项目学习所需要的知识和能力,这样就可以降低学习的难度,提高学生的信心,保证项目成果的质量。

(一)微项目的设计

微项目一般在 1 课时内可以完成,微项目突出某一方面目标的达成。微项目是学生完成综合性项目的基础。微项目设计模板如表 2-14 所示。

表 2-14　微项目设计模板

项目名称:		项目时长:
项目简述:项目背景与学生能力的培养要点		
核心知识	1. 本项目涉及的知识点; 2. 提炼学科关键能力	
驱动性问题	推动项目展开的核心问题	
项目过程	主要环节	
成果与评价	评价指标设计要点	

1. 微项目的分类

(1) 方案构思类

用于将技术的相关知识灵活应用于方案设计中,培养学生的创意思维。这类微项目是让学生学习构思方法,并将其应用于一个简单的方案构思活动项目中,从而让学生充分体会发散思维、聚合思维在技术设计中的应用,激发学生的创造性思维。

(2) 知识技能类

用于完成项目制作所必需的各种知识和技能操作要点。这类微项目以具体的知识技能掌握为目标,为学生在项目化学习中遇到的技术知识和技能类的问题扫清障碍。该类项目的设计需要全面梳理支撑项目化学习中的项目完成需要哪些技能,尤其是实践操作类的技能。例如,木工制作类、金工制作类的微项目基本是所有的模型制作的必备手工制作技能;电子制作类、开源硬件类是学生设计智能化可编程类的项目所要掌握的技术基础;3D打印、激光切割等现代加工技术也是学生制作模型需要掌握的技能。

（3）技术思想与方法类

用于将结构、流程、系统、控制的思想进行应用的项目。这类微项目主要是以工程思维培养为目标,使学生能够通过相应的微项目进行有针对性的提升。技术思想类的微项目是支撑学生进行项目化学习的技术思维应用于实际的项目设计与制作,主要包括设计分析、比较权衡、改进优化等工程思维方面的练习,同时还包括结构、流程、系统、控制等知识的学习和运用。

2. 微项目的举例

方案构思类微项目举例如表 2-15 所示。

表 2-15　方案构思类微项目举例

项目名称:大自然带给设计的灵感	项目时长:20 分钟
项目简述:大自然的万物都有自己独特的结构特点,这些特点使它们能够很好地生存。思考一下生活中的哪些设计存在可以改进的空间,尝试从大自然的结构中找到灵感,得到启发,对现有的产品进行改进设计,使其功能更加完善	

核心知识	仿生法在方案构思中的应用: 1. 了解仿生法是如何在设计中进行应用的。 2. 能够应用功能仿生设计、形态仿生设计、结构仿生设计和肌理与质感仿生设计来进行产品构思
驱动性问题	1. 可以从哪些方面进行仿生设计呢? 2. 针对发现的产品设计问题,如何通过仿生设计来完善功能呢?
项目过程	1. 仿生产品欣赏。 2. 讨论:这些仿生产品设计都是从哪些角度进行的仿生设计? 3. 设计实践:寻找一个生活中的设计问题,如果用仿生方法进行改进,你会如何设计?画出设计草图,并说明你的设计思路
成果与评价	1. 小组成果:产品的仿生设计草图。 2. 评价指标要点: (1) 知识和能力:仿生方法的运用、草图的绘制。 (2) 学习实践过程:小组讨论的参与度、完成任务的贡献度

知识技能类微项目举例如表 2-16 所示。

表 2-16　知识技能类微项目举例

项目名称:3D打印钥匙牌	项目时长:40 分钟
项目简述:3D打印是快速成型技术的一种,又称增材制造,它是一种以数字模型文件为基础,运用粉末状金属或塑料等可黏合材料,通过逐层打印的方式来构造物体的技术。3D打印技术的出现为个性化的设计制造提供了非常便利的条件。现在你来设计一个个性化的钥匙牌。	
核心知识	1. 采用 3D 打印技术进行设计制造的过程。 2. 3D 设计的基本命令使用
驱动性问题	如果让你来设计一个个性化的钥匙牌,你会采用什么方法呢?
项目过程	1. 了解 3D 打印的基本原理和过程。 2. 进行 3D 设计命令的学习。 3. 设计实践:设计一个个性化的钥匙牌
成果与评价	1. 小组成果:一个系列的钥匙牌。 2. 评价指标要点: (1) 知识和能力:3D 设计和 3D 打印的基本操作。 (2) 学习实践过程:完成小组分工的任务情况

技术思想与方法类微项目举例如表 2-17 所示。

表 2-17　技术思想与方法类微项目举例

项目名称:《清明上河图》之汴水虹桥	项目时长:30 分钟
项目简述:《清明上河图》是我国故宫博物院馆藏的一幅名画。在这幅画中,汴水虹桥是它的画眼。虹桥为单孔木拱桥,桥长 16.8 米,宽 4 米,是古代桥梁的杰作。造桥采用无支架施工法,没有榫头,不用钉子,全部用捆绑式结扎起来,连成一片。桥的两旁有木拱,桥的坡度平坦,拾级而上,行走平稳。拱梁的两端,分别雕刻狮、虎头像,既增加木桥的外表美,又反映中国的建桥特色和民族风格。以小组为单位,用小木棍来搭建一个虹桥模型,并进行承重试验。	
核心知识	1. 结构与强度; 2. 流程设计
驱动性问题	1. 虹桥的承重非常好,原因是什么? 2. 搭建模型时,流程应该怎样设计? 谈谈流程设计的重要性
项目过程	1. 欣赏《清明上河图》中的虹桥; 2. 分析虹桥模型该如何搭建; 3. 设计虹桥模型搭建的流程; 4. 搭建虹桥模型并进行承重测试
成果与评价	1. 小组成果:虹桥模型。 2. 评价指标要点: (1) 知识和能力:流程设计合理;承重能力分析正确。 (2) 学习实践过程:合作完成模型的搭建和实验

（二）拓展资源

学生在进行项目化学习的过程中，可能会遇到各类问题，尤其是技能操作类问题。由于学生的技术知识技能原有基础差异较大，而且在进行项目化学习的过程中学生的方案差异也较大，导致完成项目所必需的技能与知识的需求也不同。而在微项目中主要解决的是新的技术知识和技能学习的共性问题，但差异性的资源需求通过微项目是很难解决的。如果没有充足的学习资源支撑，在进行项目化学习过程中，教师就会疲于解决学生的这种个性化问题，而没有精力关注共性问题的推进。因此，除了微项目资源以外，还需要开发用于开拓学生技术视野、理解技术文化、关注技术与社会的项目辅助性资料，以及项目完成过程中的个性化辅导的视频、文字、图片等资料，并将这些资源进行分类，建设项目化学习拓展资源库。项目化学习拓展资源库内容分类如表2-18所示。

表2-18 项目化学习拓展资源库内容分类

资源类别	资源内容
工具应用	1. 木工常用手工工具的使用方法和技巧； 2. 金工常用手工工具的使用方法和技巧； 3. 电子元件功能及原理、电路基本原理、电子焊接技术； 4. 常用电动工具的使用方法及安全操作规程
图样绘制	1. 制图的基本规范； 2. 三视图、草图、轴测图等绘制方法； 3. 常用手工绘图工具的使用方法； 4. 常用电脑绘图软件的使用方法
现代加工技术	1. 激光切割机的基本使用流程和安全注意事项； 2. 3D打印机的基本使用方法； 3. 小型数控机床的操作流程及安全操作
信息技术应用	1. 常用传感器的原理及基本使用方法； 2. 开源硬件编程的基础知识

四、项目化学习资源平台及应用举例

(一) 项目化学习资源平台的作用

计算机及移动设备和互联网的发展,为项目化学习提供了有利条件。项目化学习资源平台可以给学生提供以下几方面的学习支持。

1. 利用教学资源平台,开展预习

根据教师发布的课前预习任务单(如微课)或其他学习材料,学生按照要求及时观看和学习,整理在课前预习过程中遇到的难点、疑点,标记出不懂的内容,按时完成学习任务。对于在预习阶段发现的问题或难题,学生可以查找和阅读网络资源,尝试自行解决问题。若问题没有得到解决,可以将这些问题呈现在线上平台的问题区,或者在上课时主动提出自己的问题,带着问题去听讲,寻求老师或同伴的帮助。

2. 在项目化学习过程中,学生进行个性化的学习

学生在进行项目化学习过程中,以小组为单位进行项目的设计与制作,这时候学生会遇到各种个性化的问题,学生可以通过教学资源平台提供的各类学习资源,进行自主学习并解决问题。这样一方面解决了教师面临的个性化指导应接不暇的问题,另一方面有助于学生自主解决问题能力的提升。

3. 使用在线工具,开展小组合作学习

学生在线上学习时,积极参与小组协作研讨。在小组协作研讨过程中,要明确小组任务和自己的责任;认真思考,大胆发言,清晰呈现自己的观点;认真倾听小组成员发表的观点,并提出合理的质疑;如果有小组成员质疑自己的观点,要不断反思,不断深入补充、完善小组各成员的观点。通过资源平台的交流功能,可以拓展讨论的学生群体和讨论的时空。例如,在常规课堂中,学生以小组为单位进行学习,讨论的范围一般固定在本组内、本班内;而使用资源平台,则可以在全年级范围内进行讨论,增加了学生观点的碰撞。这种情况在没有网络平台的情况下是不可能实现的,因为一般的学习是以班级为单位进行的。

（二）项目化学习资源平台应用举例

在项目化学习中，为了便于学生快速查找各种项目资源，需要对资源进行合理的组织。利用项目任务来组织资源素材，可以使学生在学习时能够很方便地找到与本项目相关的学习资源。将以项目为单位进行整合的学习资源，借助网络平台，对学生开放，学生可以通过电脑或手机登录，进行资源的查找学习。通过网络上的项目学习教师可以避免相同问题的多次辅导，还可以满足不同技术水平的学生对辅导内容的差异化需求，从而大大提高了辅导效率，使教师有精力聚焦教学中的关键问题，把控教学节奏。

通过电脑查看网络课程资源如图 2-7 所示。

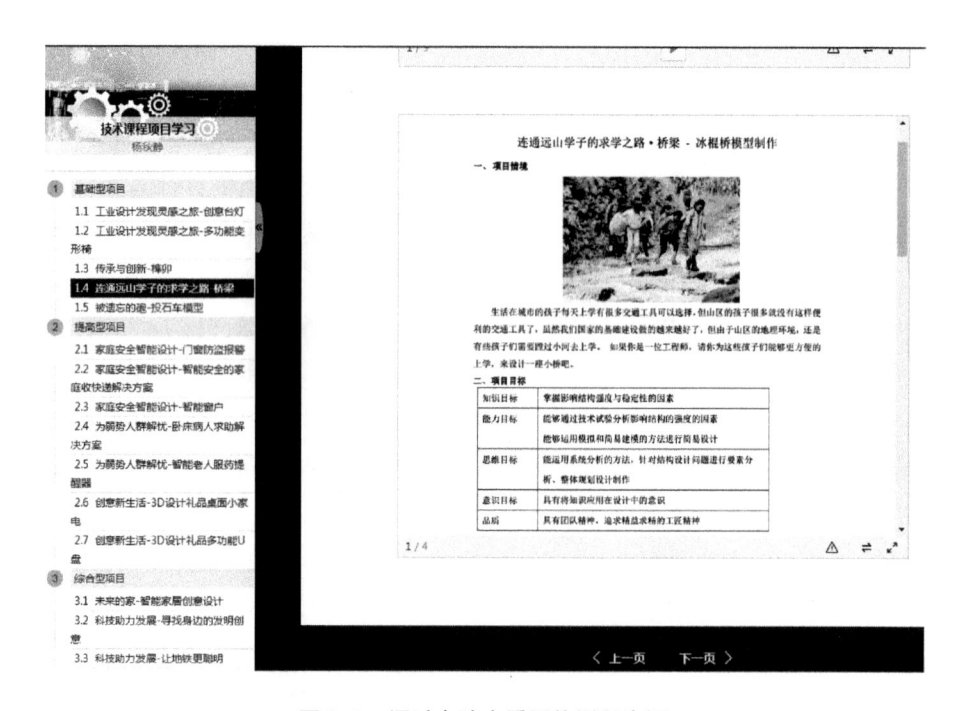

图 2-7　通过电脑查看网络课程资源

通过手机客户端查看网络课程资源如图 2-8 所示。

图 2-8　通过手机客户端查看网络课程资源

第三章

立德树人背景下的项目化学习

第一节　基于立德树人的项目化学习的设计与实施

立德树人是对培养什么人、怎样培养人、为谁培养人的明确回答。把立德树人作为教育的根本任务,则是对我国数千年来教育传统的创造性继承和创新性发展,也是对中华人民共和国成立以来,特别是党的十八大以来教育改革发展经验的高度凝练和集中表达。习近平总书记指出:"古今中外,关于教育和办学,思想流派繁多,理论观点各异,但在教育必须培养社会发展所需要的人这一点上是有共识的。培养社会发展所需要的人,说具体了,就是培养社会发展、知识积累、文化传承、国家存续、制度运行所要求的人。所以,古今中外,每个国家都是按照自己的政治要求来培养人的……"

立德树人工作最主要的主体是教师,最重要的渠道和载体是课堂,是渗透于每门学科、每节课堂的日常教学活动。虽然学校教育有专门的道德与法治课程,有团队活动和社会实践活动等有效载体,但只有充分发挥所有教师在日常教学活动中的教书育人作用,立德树人才能真正落到实处。学科教学是课程的主要内容,通过学科教学进行思想品德教育,寓教于学,把知识传授过程变为育人过程,才能真正做到入脑入心,起到"随风潜入夜,润物细无声"的效果。

一、技术本质观视角下的学科育人

现代技术尤其以互联网、大数据、人工智能、新能源、新材料、新制造等为代表的新技术所携带的共享、众筹、绿色、个性化、一体化等特征,诠释了技术对社会生产力与生产关系产生的深刻影响。这些新的变化不仅使人们对技术的经典分析维度,如器物维度、技艺维度、认知维度、过程维度有了更富新意的理解,而且使得人们对技术的知识维度、文化维度、意识形态维度以及意志维度的社会分析更加丰富。这些研究进一步体现了人类对技术发展性和深刻性的认识,拓展了技术认识的维度和视角,为对技术的现代本质的深切把握和技术教育的价值重塑奠定了厚实的基础。

(一) 技术的本质观视角下的技术维度[①]

1. 技术的物性维度

无论从技术的产生与发明来看,还是从技术的发展与应用来看,技术总是与物形影不离,任何技术都不可能脱离材料、工具、设施、产品等富有多样物性形态的对象物而存在。毫无疑问,物质和质料的存在是技术赖以形成的基础。技术就其物性而言,在本质上是人类对自然物的利用、改变、控制和人工物的创造与制造,主要表现在以下几方面:

其一,物构成技术实现的工具。任何技术的实现总要借助一定的工具,如木工制造家具需要斧头、钻、锯、凿、刨,金工修理车床需要扳手、锤子,电工从事工作需要电笔、烙铁、万用表,缝纫工制作衣服需要剪刀、尺子、针、线,网络工作者进行工作则需要一系列硬件工具和软件工具等。

其二,物构成技术作用的对象。任何技术总是针对特定对象的,如木材、木料是木工作用的对象,布匹是裁缝作用的对象,铁矿石、生铁是炼钢炼铁作用的对象,这些作用的对象都是物质的。

其三,物构成技术成果的载体。任何技术成果,包括工艺制作类成果、网络技术类的成果,总离不开特定的物质形态的产品、装置、终端。同时,物构成技术存贮与传承的载体。任何一种技艺、技能往往储存在一定的物质形态的载体中,如古代的竹简、纸张、模具,现代的磁带、软盘、硬盘、云盘、芯片等。没有物质载体,技术就不可能流通和传授,更不可能普及。

其四,物构成技术产生的源泉。任何技术的产生,都是以具象性的物质、物品、物体等形态的事物为先验条件和认识基础的。没有对自然物或人工物的感知、记忆和认识,就不可能产生任何一个天才,也无法产生哪怕一点的技术发明。因此,自然和社会业已存在的事物是技术产生的第一推动力。

2. 技术的人性维度

首先,技术是人的目的性的产物。技术的目的性主要表现在技术的出发点是人类的需要。其次,技术实现着人类的自我驯化和社会变迁。技术具有改变客观世界和主观世界的二重性。技术不只是一种具有使用价值的器物,它还是

[①] 顾建军. 技术的现代维度与教育价值[J]. 华东师范大学学报(教育科学版),2018,36(6):1-18.

一种人的"理性力量",是建构世界图景的一种方式。如同我们常常说的信息技术改变着人的思维方式一样,技术在改变世界的同时也在改变人本身。再次,技术的功能、结构、形态携带着丰富的人性。在技术的自然属性方面,技术中材料的选择、规划、加工、使用以及生命周期、安全性能等都必须遵循自然的规律,就如同木材的锯削要遵循其纹路、肌理一样。最后,在技术的社会属性方面,技术设计常常要考虑人的身体形态结构和生理要素的相关数据与技术及其产品相关参数的吻合度、宜人性所构成的人机关系,同时还要考虑其功能、结构、形态与使用者的道德、法律、伦理、习俗、审美、宗教等人文要素的契合度。

3. 技术的活性维度

技术的活性是对作为人类活动的认知与行为、过程与结果相统一的动态性行为特征的一种表征,它表明技术所蕴含的或外在的或内在的程序性、活动性、连续性的行为品质。技术既是人类活动的产物,又是人类活动的中介,还是人类活动的方式,它是社会生产力中最为活跃的因素。没有技术的活动性,技术就失去了它的原始动力与活力。

从技术的产生来看,技术是充满活性、充满过程的产物。技术的产生一般都经历着发现与明确问题、信息的收集与方案的构思、图样的绘制与方案的比较和权衡、模型与原型的制作、技术的试验与方案的优化等技术设计活动;也可能要经历工具的使用、材料的选择和规划加工、工艺的选择与实施、部件的组装与性能测试等制作活动。从技术的性质来看,技术是人类生活和生产的基本方式。从技术的发展来看,技术具有交互性广、迭代性强、延展性长的高活性。人们可以从宇宙飞船和智能穿戴产品等的设计、制造、使用中感受到现代技术的高度集成和几十年前难以想象的技术交互性与人机友好性,可以从电视机的百年变迁和手机的不断升级中体悟到技术的迭代性和无限优化性,可以从制茶、制陶以及旗袍制作等非遗工艺中领略到技术的经典性及其生生不息的特征。

技术是人类活动的方式与产物。从我国古代的"技艺""技巧",到现代的关于技术的"手段说""方式说""活动说",都展示了技术特有的创物、造物、用物、管物行为的活性特征,展示了技术是人类实践的重要方式。这些活动的过程、方法、要素,是人类技术学习的丰富性和实践性之所在,它对受教育者创造力的开发、实践能力的培养、身心的和谐发展以及良好人格的塑造有着不可替代的价值。

4. 技术的知性维度

技术的知性维度主要从技术的可感知、可认知及知识特性等角度来分析技术。技术的陈述性知识、程序性知识、规范性知识或者说技术的原理性知识、方法性知识、价值性知识、实践性知识等，都是技术知识的重要组成部分。除各类具体技术领域的专门知识之外，技术的元认知知识、技术设计的知识、技术试验的知识、技术探究的知识、技术思维的知识、技术创新的知识、技术优化的知识、技术路径规划（包括编程）知识、技术默会知识等，都具有独特的方法论意义，都具有技术的理论与实践的统一性。这些知识类型不仅有助于建立现代技术的本质观念和方法论意识，而且还有助于把握技术的知识特征，以便用以指导现代理念下的技术教育的教与学的实践活动。

（二）技术的本质观下的多维育人

技术本身所具有的"多维度"也决定了技术教育育人价值的丰富性和统一性。因此，技术本质观下的多维育人是指以明晰技术物性维度为着力点，发展学生利用自然物和人工物进行创造与制造的能力；以抓住技术人性维度为关键点，促进学生在价值感、道德感、工匠精神、劳动习惯等方面完满人格的构建；以夯实技术活性维度为落脚点，促进学生学习方式的变革与手脑并用的学习，实现技术问题解决与实践能力的发展；以聚焦技术知性维度为突破点，促进学生程序性知识、规范性知识、默会知识的协调配合，完善学生的知识结构，增强学生的综合能力和社会适应性。总之，技术教育对人的现代性发展因其内容与方式的独特性而体现出它育人功能与价值的不可替代性。

二、通用技术课程的多维育人目标及评价

只有多维度把握现代技术的本质，才能发挥技术教育在学生育德、启智、健体、益美、促创、树劳等方面的教育价值。

通用技术课程的多维育人是指：以立德树人为根本目标，以技术本身所具有的"物性、人性、活性、知性"四个维度为线索，发展学生造物能力；促进学生完满人格的构建；技术活动中促进学生进行手脑并用的学习，实现技术问题解决与实践能力的发展；促进学生原理性知识与实践性知识结构的形成，增强学生的综合能力和社会适应性。

(一) 通用技术课程"多维育人"目标词典

立德树人目标在学科教学中实施,除了学科核心素养中体现的育人目标以外,还要综合国家提出的各种教育目标,例如:中华传统文化、民族自信、国家安全、劳动教育等,使其围绕技术的"物性、人性、活性、知性"四个维度,形成立德树人的学科育人目标体系。

通过多年的教学实践,笔者将学科核心素养和育人目标进行梳理,形成目标词典(表3-1),帮助教师在教学中较为便利地挖掘教育资源,为教学设计、实施、评价提供清晰的路标。

表3-1 通用技术课程"多维育人"目标词典

维度	种类	词典条目
M 物	M1 用物	M1.1 材料选择 M1.2 工具使用
	M2 造物	M2.1 模型制作 M2.2 模型测试
H 人	H1 技术观	H1.1 技术与人 H1.2 技术与社会 H1.3 技术与自然
	H2 技术道德感	H2.1 道德传统 H2.2 伦理规范
	H3 工匠精神	H3.1 专注认真 H3.2 精益求精 H3.3 追求创新
	H4 劳动素养	H4.1 劳动观念 H4.2 劳动习惯和品质 H4.3 劳动精神 H4.4 劳动能力
	H5 价值体认	H5.1 国家认同 H5.2 文化自信 H5.3 社会责任
A 活	A1 意念表达	A1.1 理念转化 A1.2 设计表达
	A2 创新设计	A2.1 设计分析 A2.2 方案构思 A2.3 图样绘制
	A3 问题解决	A3.1 系统分析 A3.2 权衡决策 A3.3 风险评估 A3.4 优化改进
K 知	K1 原理性知识	K1.1 技术原理 K1.2 设计过程 K1.3 结构设计 K1.4 流程设计 K1.5 系统设计 K1.6 控制设计
	K2 实践性知识	K2.1 技术程序 K2.2 技术规范 K2.3 经验技巧

(二) 针对"多维育人"目标词典的评价标准设计

为了评价育人目标的达成效果,呈现学生发展的轨迹,使教师能够通过学生的表现进一步优化教学,笔者设计了包含"多维育人"目标词典中每个条目达成效果评价指标的《通用技术课程"多维育人"评价标准》。

"物性"维度目标评价标准如表3-2所示。

表3-2 "物性"维度目标评价标准

评价维度：M. 物				
M1 用物	M1.1 材料选择	水平一	水平二	水平三
		了解常用材料的属性及加工方法,能根据设计要求选择合适的材料	能根据设计要求对材料进行性能测试,并根据材料性能列出用料表	掌握一些特殊材料的属性及加工方法,有材料规划意识,并综合使用
	M1.2 工具使用	水平一	水平二	水平三
		掌握常用工具的使用方法,能够根据制作需要选择合适的工具	能够熟练使用常用工具,具备安全意识	能够根据设计要求灵活选择并熟练应用各种工具
M2 造物	M2.1 模型制作	水平一	水平二	水平三
		能够完成与设计方案基本相符的模型或原型的制作和装配	能够明确地规划模型制作的时序和工具,完成模型或原型的制作和装配	能够综合考虑各种因素,高效高质量地完成模型或原型的制作和装配
	M2.2 模型测试	水平一	水平二	水平三
		能够对模型或产品进行基本的技术指标测量	能对模型或产品进行基本的技术测试和指标测量,撰写简单的技术测试和方案试验报告	能根据需求设计测试方案并对模型或产品进行测试和指标测量,撰写技术测试和方案试验报告

"人性"维度目标评价标准如表3-3所示。

表3-3 "人性"维度目标评价标准

评价维度：H. 人				
H1 技术观	H1.1 技术与人	水平一	水平二	水平三
		能够正确感知并理解技术与人的关系,形成对人工世界的正确认识	在进行技术活动中能够正确处理人技关系	面对复杂的技术情境,能够合理地处理人与技术的关系
	H1.2 技术与社会	水平一	水平二	水平三
		能够正确感知与理解技术与社会的关系	能够结合具体案例正确分析技术与社会的关系,具有对技术的理性态度	能够在技术活动中合理处理技术与社会的关系
	H1.3 技术与自然	水平一	水平二	水平三
		能够理解技术与自然的关系,形成初步的环境意识	能够结合具体案例,正确分析技术对环境的影响	在技术活动中能够正确处理技术与环境的关系,并进行合理的风险评估

续表

评价维度:H. 人					
H2 技术道德感	H2.1 道德传统	水平一	水平二	水平三	
			能够结合具体案例正确理解设计的道德原则	在技术活动中能够遵循道德原则	面对复杂的技术应用环境,能够自主、正确地判断并作出选择,具有高度的造福人民的社会责任感	
	H2.2 伦理规范	水平一	水平二	水平三	
			能够结合具体案例正确理解技术选择、使用、决策过程中的伦理问题	在技术活动中能够遵循社会伦理道德	能够综合多个技术领域,分析个体及群体的伦理规范,并作出符合社会主流的伦理价值判断	
H3 工匠精神	H3.1 专注认真	水平一	水平二	水平三	
			在别人的提醒下基本能够全程参与相应的技术活动	能够主动投入技术活动中,过程中基本能够认真对待每一个环节	能够积极主动投入技术活动中,并始终认真细致,不受外界干扰	
	H3.2 精益求精	水平一	水平二	水平三	
			能够按照基本标准完成技术活动	能够在达到基本标准的前提下,有追求更高品质的意识	能够在超过基本标准的前提下,高质量地完成活动任务	
	H3.3 追求创新	水平一	水平二	水平三	
			在技术活动中能够提出有一定新意的解决方案	在技术活动中能够综合各种因素,创新性地提出设计方案,并考虑其可操作性	在技术活动中能够提出较为新颖、实用的解决方案,可操作性强	

续表

评价维度：H. 人					
H4 劳动素养	H4.1 劳动观念	水平一	水平二	水平三	
^^^	^^^	基本能够理解劳动的价值和意义	理解并认同劳动的价值和意义，能够做到尊重劳动和劳动者	对劳动的价值和意义有较为深刻的理解，能够发自内心地尊重劳动和劳动者	
^^^	H4.2 劳动习惯和品质	水平一	水平二	水平三	
^^^	^^^	有劳动的意识，在别人的提醒下能够完成劳动过程	能够按时参与劳动，基本形成参与劳动的习惯，具备基本的规范安全意识	能够积极主动地参与劳动，吃苦耐劳，珍惜劳动成果，有强烈的劳动意识和规范安全意识	
^^^	H4.3 劳动精神	水平一	水平二	水平三	
^^^	^^^	在劳动过程中能够有追求勤劳、奋斗、奉献、创新等意识，在别人的鼓励下能够尝试	在劳动过程中有追求勤劳、奋斗、奉献、创新的意识，并能够有所体现	能够在劳动中表现出充分的勤劳、奋斗、奉献、创新的精神	
^^^	H4.4 劳动能力	水平一	水平二	水平三	
^^^	^^^	掌握部分劳动任务所需要的设计、操作能力以及问题解决和团队合作能力	基本具备完成一定劳动任务所需要的设计、操作能力以及问题解决和团队合作能力	具备完成一定劳动任务所需要的设计、操作能力以及问题解决和团队合作能力	
H5 价值体认	H5.1 国家认同	水平一	水平二	水平三	
^^^	^^^	热爱国家，能够认同国家的创新驱动发展战略，按照国家对社会主义建设者和接班人的培养目标进行自我完善	热爱国家，深度认同国家的科技发展战略，具有成为一名合格的社会主义建设者和接班人的愿望	具有强烈的爱国精神，积极主动地完善自我，具有强烈的愿望和行动，努力成为一名优秀的社会主义建设者和接班人	
^^^	H5.2 文化自信	水平一	水平二	水平三	
^^^	^^^	能够体会并认同中华优秀传统文化的魅力，具有民族自豪感	能够通过具体的案例分析出中华优秀传统文化的特点，并具备强烈的民族自豪感	能够以实际行动积极参与到弘扬中华优秀传统文化的活动中，并进行继承与发扬	
^^^	H5.3 社会责任	水平一	水平二	水平三	
^^^	^^^	能够认识并正确理解个人的技术活动需要担负起社会责任	能够在技术活动中体现出社会责任感	能够积极主动地应用技术解决社会问题，具有强烈的社会责任感	

"活性"维度目标评价标准如表 3-4 所示。

表 3-4 "活性"维度目标评价标准

评价维度：A. 活				
A1 意念 表达	A1.1 理念 转化	水平一 能够将用户需求转化为需要解决的技术问题	水平二 能用技术语言分析用户需求，并将需求转化为技术问题	水平三 能够面对复杂的技术情境，清晰地界定需要解决的技术问题
	A1.2 设计 表达	水平一 能够用语言描述设计方案	水平二 能够用语言和简单的草图表达设计方案	水平三 能够用规范、美观的草图清晰地表达设计方案
A2 创新 设计	A2.1 设计 分析	水平一 能够从物、人、环境的角度对设计的多个因素进行分析	水平二 能够多渠道搜集所设计产品的各种信息，并多角度分析需要解决的技术问题	水平三 能够运用用户模型分析方法，提炼用户的独特需求，并综合各种因素，对设计进行分析
	A2.2 方案 构思	水平一 能够制定解决技术问题的单一方案	水平二 能够制定解决技术问题的多个方案	水平三 针对问题能够创造性地制定多个技术方案
	A2.3 图样 绘制	水平一 能够绘制草图、三视图	水平二 能够用草图、三视图等进行设计表达	水平三 能够在设计的各个环节中采用恰当的图样清晰地表达设计方案
A3 问题 解决	A3.1 系统 分析	水平一 能初步进行多因素分析，了解常用的系统分析方法	水平二 能应用系统分析的方法，进行简单的技术设计活动	水平三 能够运用系统分析方法，识别技术问题的特性和细节，提出较好的解决方案
	A3.2 权衡 决策	水平一 能够对简单的系统设计中的多个方案进行比较，并选择恰当的方案	水平二 对某一技术领域的问题，能够运用模拟试验、数学模型等综合考虑各种影响因素，并进行决策分析	水平三 能够运用模拟试验或数学模型对复杂的问题情境方案进行评价和趋势分析
	A3.3 风险 评估	水平一 具有对简单方案进行评估的初步的工程意识	水平二 能够考虑各种影响因素，并对简单方案进行性能评估	水平三 能够运用模拟试验或数学模型对某一技术方案作出性能和风险评估
	A3.4 优化 改进	水平一 能够对系统的问题进行分析，并提出改进的建议	水平二 能够通过改变输入、过程、输出等因素尝试对系统进行优化设计	水平三 能够综合多个技术领域的知识，对系统存在的问题进行分析，并进行优化和改进的实践

"知性"维度目标评价标准如表3-5所示。

表3-5 "知性"维度目标评价标准

评价维度：K.知				
K1 原理性知识	K1.1 技术原理	水平一 能结合具体案例讨论技术的性质，了解设计的一般原则和相关知识	水平二 能在技术活动中合理地应用技术的性质、设计的一般原则和知识	水平三 能在技术活动中恰当地处理人与技术的关系，制定出符合设计一般原则的方案
	K1.2 设计过程	水平一 了解设计的一般过程	水平二 能够在技术活动中完成设计的一般过程中的各个环节	水平三 能够在设计过程中把握关键环节，并处理好各个环节的关系
	K1.3 结构设计	水平一 了解结构的基本知识，并能够对具体的案例进行分析	水平二 能够应用结构的基本原理进行简单的技术试验	水平三 能够应用结构的基本知识进行技术设计，解决技术问题
	K1.4 流程设计	水平一 了解流程的相关概念，并能够针对具体的案例进行分析	水平二 在技术设计活动中能够进行流程的设计	水平三 能够对技术活动中的流程进行改进和优化
	K1.5 系统设计	水平一 了解系统的基本概念和系统分析的方法，并能够针对具体案例进行分析	水平二 能够应用系统分析的方法对简单系统进行设计	水平三 能够运用系统分析的方法，识别技术问题的特征和细节，并提出解决方案
	K1.6 控制设计	水平一 了解控制的概念和控制系统的工作过程与方式	水平二 能够针对简单的控制系统进行分析，并能够画出工作过程方框图	水平三 能够设计简单的控制系统，并进行优化和改进
K2 实践性知识	K2.1 技术程序	水平一 了解常见木工、金工、电子工艺中常见操作的基本步骤	水平二 能够根据所进行的技术操作规划并执行正确的顺序	水平三 能够根据任务需求合理并创造性地设计流程
	K2.2 技术规范	水平一 了解常见技术操作或者设备场所应用的方式、安全、卫生等规范	水平二 有技术规范意识，基本能够按照技术规范完成技术活动	水平三 能够积极主动并严格按照规范的要求完成技术活动
	K2.3 经验技巧	水平一 在技术活动中能够学习一定的操作技巧	水平二 能够按照别人总结的成熟的经验技巧完成技术活动	水平三 在技术活动中能够积极主动地总结经验技巧，并圆满地完成任务

（三）"多维育人"目标词典及评价的应用

通过对每一个教学环节应用目标词典进行标注的方式，使育人目标清晰化，结合针对每个词典条目设计的评价量表使育人效果可观察、可测量，目标词典使用方法模型如图3-1所示。

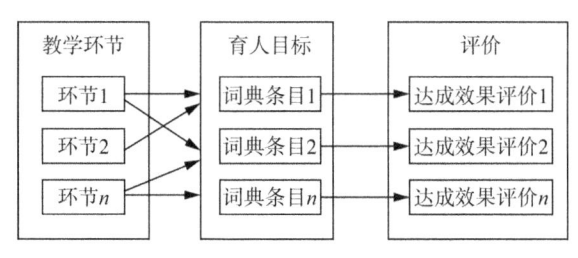

图 3-1 技术课程"多维育人"目标词典的应用方法模型

以"《清明上河图》——搭建虹桥"一课为例，其教学环节、育人目标和学生应达到的基本标准如表3-6所示。

表 3-6 "《清明上河图》——搭建虹桥"目标词典的应用举例

教学环节	育人目标	基本标准
从技术的角度欣赏《清明上河图》，并分析汴水虹桥的特点	H5.2 文化自信	水平二
	H1.2 技术与社会	水平二
使用指定的材料完成虹桥模型的搭建	M2.1 模型制作	水平一
	H3.1 专注认真	水平二
进行虹桥模型承重测试	M2.2 模型测试	水平一
对模型搭建过程进行总结与反思	K2.3 经验技巧	水平三
	H3.2 精益求精	水平二

三、基于"多维育人"目标的模块化教学流程

教学中以"多维育人"目标为核心，使学生在创设的技术情境中通过感悟、体悟、动脑、动手等多种形式的活动实现造物能力、解决问题能力的提升以及完满人格的建构和知识结构的完善。完整的教学流程包括四个环节：悟、思、仿、创。

1. 悟

该环节体现的是对项目情境的分析以及问题的提出。对学生的德智体美劳的教育不是通过简单的说教就能够实现的,需要学生通过实践活动进行内化才能实现。这个内化过程,需要学生自己进行感悟、体悟,通过情境的熏陶,实现对学生润物无声的教育。通过创设的技术情境,使学生感悟其中蕴含的思想和道理,理解并认同活动的意义,进而逐步将其转变为引导自身进行技术活动的信念。

2. 思

该环节对应于项目化学习中的方案构思与设计。通过该环节,学生需要针对技术情境中需要解决的问题,明晰技术原理,了解操作程序,掌握必备的技术知识。学生在"思"的环节中进行技术知识的领悟、技术方案的设计等活动。

3. 仿

该环节是项目化学习中的可选环节,在实施的过程中,可以通过微项目的形式展开。针对物化能力提升的目标,进行工具使用、操作技能技巧的实践。本环节一方面使学生能够专注于操作本身,为学生进一步创造性地解决技术问题扫清技能类的障碍,另一方面使学生掌握实践类的知识,从而完善知识结构。

4. 创

本环节是项目化学习中的作品物化,是学生参与技术活动的最高阶段。学生需要以正确的技术观、道德观等积极的"人性"维度目标作为活动意义和贯穿技术活动始终的原则,应用所学的技术知识、操作技能,创造性地提出解决问题的方案,形成物化成果。

在教学实际中,可以根据需求完成整个流程,也可以选择其中部分环节来实施,环节的顺序也可以颠倒。以"中国传统建筑里的智慧"教学项目为例,在学生对工具使用和模型制作已经没有障碍的情况下,可以跳过"仿"的环节,直接进入"创"的环节。其教学流程的设计方案如表 3-7 所示。

表 3-7 "中国传统建筑里的智慧"教学流程设计方案

环节	内容	主要目标
悟	1. 建筑对文化的影响:"栋梁""高屋建瓴""关键""门槛"等是由建筑学中发展而来的词语。 2. 故宫建筑群、应县木塔等中国古代木结构建筑,历经几百年屹立不倒的建筑传奇	H5.2 文化自信

续表

环节	内容	主要目标
思	3. 中国木建筑营造技艺中的榫卯连接结构的知识及制作方法	K1.3 结构设计
仿	4. 鲁班锁的制作	M1.2 工具使用　M2.1 模型制作
创	5. 应用榫卯结构设计一款方便老人外出携带的小板凳	H1.1 技术与人　H3.3 追求创新 A2.1 意念表达　A2.2 方案构思 M2.1 模型制作　M2.2 模型测试

四、立德树人背景下的项目情境设计

情境的丰富多元化不但可以激发学生学习的新鲜感和兴趣，还可以拓展学生的视野，在融入了德智体美劳教育元素的情境浸润中，实现德智体美劳的全面发展。因此，在设计项目化学习内容时，要打破学科间、课内外、技术与人文和艺术的界线。

（一）"技术+"——项目内容情境的开发方法

基于以上理念，可以通过"技术+"的内容情境开发方法（表3-8），寻找技术和科学、文化、艺术、生活、工程的连接点，将技术学习内容放到相应的情境中。

表3-8　"技术+"——技术课程内容情境的开发

"技术+"领域	模块	内容举例
科学	数学在技术中的应用	1. 从截面的几何性质谈"梁"的合理截面； 2. 应用数学建模分析车辆内轮差预警系统； 3. 绘制鲁班锁的三视图； 4. 利用二进制知识控制彩灯的颜色
	应用物理知识的设计	1. 公道杯设计中的物理原理； 2. 桥梁模型设计； 3. 应用传感器设计一个防盗报警装置； 4. 可调光台灯设计中的电路连接

续表

"技术＋"领域	模块	内容举例
文化	文字中的技术原理	1. 从"弓"字谈结构与力； 2. "钩心斗角"与古代建筑中的斗拱； 3. "一寸光阴一寸金"与日晷的制作； 4. "水到渠成"——谈系统分析的原则
	重读技术典籍	1. 读《天工开物》，学蓝染技术； 2. 《梦溪笔谈》活字印刷的启发——印章设计与制作； 3. 《天工开物》中的失蜡铸造——体验模具制造工艺； 4. 《考工记》对技术设计的启示
	名著中的技术思想	1. 读《红楼梦》，谈大观园的设计思想； 2. 《荀子·宥坐》篇中的欹器——技术原理与哲学思想； 3. 读《西游记》中孙悟空的分身术，谈克隆技术的争议； 4. 《道德经》中的"道法自然"对科技发展的警示
	古诗中的技术	1. 《谢僧惠蒲扇》——分析蒲扇的材料与结构； 2. 古诗中的工艺； 3. 郭震《古剑篇》——古代的冶炼技术
艺术	艺术知识的应用	1. 设计的美观原则； 2. 绘制产品的草图； 3. 乐理知识在八音盒制作中的应用
	艺术与设计	1. 文创产品设计； 2. 服装改造设计； 3. 创意礼品设计
生活	走进博物馆	1. "雁鱼铜灯"中的环保设计理念； 2. 看文物学工艺——秦始皇陵铜车马； 3. "四羊方尊"——范铸法工艺流程； 4. 看《清明上河图》，搭建虹桥
	生活中的设计问题	1. 方便的收快递解决方案； 2. 烘焙模具的设计与制作； 3. 老人服药提醒仪； 4. 病人求助手套； 5. 智能窗户
工程	工程中的技术思想	1. 长城设计中的系统思想； 2. 从都江堰设计谈技术与自然的关系； 3. 丁谓修皇宫中的系统思想

(二)"技术+"——项目内容情境设计应用案例

1. 技术+科学

数学在技术中的应用如表3-9所示。

表3-9 数学在技术中的应用

应用数学建模分析车辆内轮差预警系统
【内容情境】 "内轮差"是车辆转弯时的前内轮的转弯半径与后内轮的转弯半径之差。由于内轮差的存在,车辆转弯时,前、后车轮的运动轨迹不重合。如果行人只注意了前轮在身边驶过,却忽视了后轮的行驶轨迹,就可能导致交通事故。
【设计与实践】 1. 针对内轮差问题,设计一个模型,讨论多个可能的备选方案,并进行分析和权衡。 2. 从该实际问题中抽象出数学模型并推导出内轮差公式。
利用二进制知识控制彩灯的颜色
【内容情境】 彩灯的颜色可以千变万化,计算机是用二进制表示所有内容的,那么如何用二进制数值表示不同的颜色呢?计算机中的颜色用R、G、B来表示,分别代表红、绿、蓝三种颜色的分量,每种颜色的分量用一个字节,即8个二进制位表示,8个二进制位能够表示的数值范围为0~255,三种分量的数值不同就表示出不同的颜色。
【设计与实践】 用开源硬件设计一个时间控制的红绿灯系统。

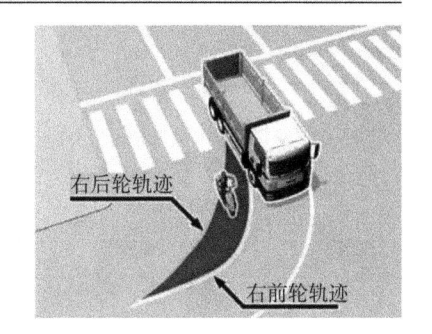

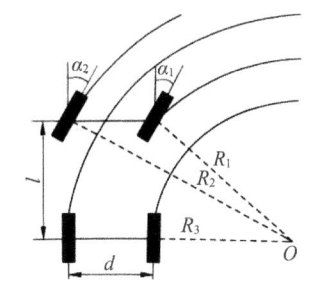

应用物理知识的设计如表 3-10 所示。

表 3-10 应用物理知识的设计

公道杯设计中的物理原理
【内容情境】 结构：杯心有一个呈倒 U 形的弯管，一边通向外底部的漏孔，另一边与杯内盛酒部分的底部连通。当酒的高度没有超过倒 U 形管的最高位时，水不会漏出。 现象：当酒的高度超过倒 U 形管的最高位时，便产生压力，根据虹吸原理，水顺左弯管流到杯外直至流净。
【思考与实践】 1. 公道杯中蕴含了什么物理原理？ 2. 利用 3D 建模和公道杯的原理，设计一款产品。
桥梁模型设计
【内容情境】 生活在城市的孩子每天上学有很多交通工具可以选择，但很多山区的孩子就没有这样便利的交通工具了，虽然我们国家的基础建设越来越好了，但由于山区的地理环境，有些孩子还是需要蹚过小河去上学。如果你是一位工程师，请你为这些孩子能够更方便地上学，来设计一座小桥吧！
【分析与实践】 1. 下面两个桥梁模型承重哪个好？从构件受力的角度分析原因。 2. 利用冰棍棒制作一个桥梁模型，综合考虑承重、跨度等多种因素。
应用传感器设计一个防盗报警装置
【内容情境】 小偷可能会出现在我们的生活中，所以在我们的家里要做好防盗工作，这样才能不给小偷制造机会，同时又能够保护好我们的财产以及人身安全。防盗报警器中一个重要的部件就是传感器，制作防盗报警装置可以采用人体红外传感器、超声波传感器等。
【分析与实践】 1. 查找资料，了解人体红外传感器、超声波传感器的原理和使用方法。 2. 制作一个简易的防盗报警器模型。

2. 技术＋文化

"技术＋文化"项目情境案例如表 3-11 所示。

表 3-11　"技术＋文化"项目情境案例

读《天工开物》，学蓝染技术
【内容情境】 《天工开物》中关于"造蓝靛"的描述如下："凡造淀，叶与茎多者入窖，少者入桶与缸。水浸七日，其汁自来。每水浆一石下石灰五升，搅冲数十下，淀信即结。水性定时，淀沉于底。"可见，蓝靛是一种纯天然的绿色染料。 【实践】 用蓝染方法，对旧 T 恤进行改造，使它成为一件独特的衣服，旧物换新颜。
《梦溪笔谈》活字印刷的启发——印章设计与制作
【内容情境】 《梦溪笔谈》的技艺篇中有"毕昇活板"，其中有一段关于活板制作方法的描述："其法用胶泥刻字，薄如钱唇，每字为一印，火烧令坚"。 【实践任务】 现在有了 3D 打印机，我们可以自己设计自己的印章了。
《道德经》中的"道法自然"对科技发展的警示
【内容情境】 道，是老子哲学思想体系的最高范畴和命题，也是老子思想的核心所在。老子以道为核心，或者说把道作为原动力，扩展而提出了道的本体论、辩证法、人与自然、人与社会和人与自身等认识论的哲学思想体系。随着科技的发展，水土流失、环境污染等问题威胁着人类，而老子的"道法自然"则为我们提出了科学的发展观，帮助人们实现科技的可持续发展。 【实践】 设计一个环保多功能充电装置模型。

续表

《谢僧惠蒲扇》——分析蒲扇的材料与结构
【内容情境】 以古诗《谢僧惠蒲扇》中的诗句"结蒲为扇状何奇,助我淳风世罕知。林下静摇来客笑,竹床茆屋恰相宜"作为研究背景,用技术的视角来分析"蒲扇"。 【思考并分析】 蒲扇的结构为何使其适于承受重复的弯曲?加固扇子的边缘起到了什么作用?扇扇子时,扇面的变形对其承载力和使用功能有何影响?

3. 技术+艺术

美术中的设计知识如表 3-12 所示。

表 3-12　美术中的设计知识

设计的美观原则
【内容情境】 产品设计中除了实用功能外,还要考虑美观性。设计美包括:形式美、功能美、技术美、材料美。形式美就是美的事物外在的形式所具有的相对独立的审美特性;功能美表现为实用功能和使用功能等物质功能;材料美包括肌理美和材质美。 【分析并设计】 1. 从设计美的角度分析以下产品。    2. 充分考虑产品的设计美,设计一款老年人使用的便携椅。
绘制产品的草图
【内容情境】 草图用于:日常收集资料及想法,帮助思考;将设计想法快速表现出来。 草图的分类:创意草图、设计草图。 方案设计草图的基本要求:能够清楚简洁地表达产品造型特征;有较好的版面布局,有主有次。 【实践活动】 设计一款多功能台灯,并画出设计草图。

续表

乐理知识在八音盒制作中的应用

【内容情境】
我们在设计八音盒的过程中,如何才能利用蜂鸣器播放我们自己设计的音乐呢？需要把音乐的基本知识和程序设计联系起来。
音高:一首音乐由若干音符组成,每一个音符对应唯一一个频率。Arduino 按照这个频率输出到蜂鸣器,蜂鸣器就会发出相应频率下的声音。
节拍:
每个音符播放的时间。音符节奏分为 1 拍、1/2 拍、1/4 拍、1/8 拍等。
设一拍音符的时间为 1,半拍则为 0.5,1/4 拍为 0.25,1/8 拍为 0.125……
tone(8,392,600/2);
delay(600/2 * 1.3);
noTone(8);
【实践活动】
用 Arduino 设计一个八音盒,并将自己喜欢的音乐用程序播放出来。

艺术与设计如表 3-13 所示。

表 3-13　艺术与设计

文创产品设计
【内容情境】 文创产品有两个部分:文化内容的创意设计和载体。文创产品要实现文化内容的准确表达和传达。 祥云笔筒台灯 【设计实践】 以陈经纶中学的校园文化元素为主题,设计制作文创产品。

续表

服装改造设计

【内容情境】
现代文明给我们带来了多姿多彩的生活,但也为我们带来了许多不必要的浪费。我们在旧衣服的一些细节上进行了加工,破旧的衣服有了新的生命,使其又焕发了别样的"美"。

【设计实践】
以小组为单位,利用加法、减法、变形法、综合法(综合法=加法+减法+变形法),对一件旧衣服进行改造设计。

自制饼干模具

【内容情境】
很多同学喜欢在家里自制饼干,要想做出外形独特的饼干,往往需要使用饼干模具。我们也可以自制个性化的饼干模具,用模具来制作具有精美造型的饼干。

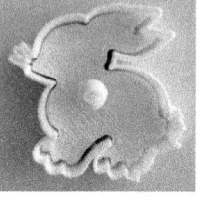

【设计实践】
以中国的剪纸造型为创意,设计一套十二生肖的饼干模具。

4. 技术+生活

"走进博物馆"项目情境案例如表 3-14 所示。

表 3-14 "走进博物馆"项目情境案例

"雁鱼铜灯"中的环保设计理念

【内容情境】
雁鱼铜灯是汉代的环保"高科技"。雁鱼铜灯由雁头、雁体、灯盘和灯罩组成,灯盘和灯罩能够转动开合,不仅可以挡风,还可以调节光线的明暗度和照射角度。最令人惊叹的是,灯被点亮后产生的油烟会顺着大雁颈部导入大雁的腹内,雁腹盛有清水,烟会溶于水中,从而起到净化空气的作用,避免了对环境的污染。这种科学巧妙的设计体现出了古人的聪明才智和环保意识。

【设计实践】
设计一款基于环保理念的创意产品。

续表

看《清明上河图》,搭建虹桥
【内容情境】 保存在故宫博物院的张择端的《清明上河图》的画眼便是汴水虹桥。它的结构全都是一根又一根的重木,靠摩擦力和重力,通过横梁交叉搭置、相互承托形成拱形结构,几乎没有钉子,只用一些绳子把它们捆住。 在600多年前,达·芬奇也画过一座类似结构的木桥,不过他并没有真正地去建这么一座桥,但北宋时期这种桥却是真实存在的。由此可见,我国古代的造桥技术非常高,而这种高科技所反映的便是我国古代劳动人民的智慧与汗水。 【技术实践】 用木棒搭建一座虹桥模型。

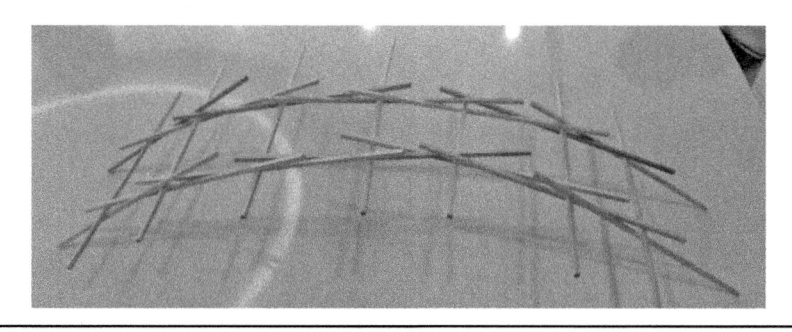

生活中的设计问题如表 3-15 所示。

表 3-15 生活中的设计问题

方便的收快递解决方案
【内容情境】 快递给我们带来了很多方便,但也产生许多新问题。比如,每当人们躺在床上不想动的时候,如果有人来敲门,我们可能挣扎很久去开门,另外,如果一个人在家时,因为在忙一些事情而走不开的时候,快递则无法及时收到,还耽误了快递员的时间。人们不在家的时候若快递到了,不仅会让快递员难办,自己也会因为快递没有地方存储放在门口而担心东西丢失。 【设计实践】 设计一种方便收快递的解决方案。 【作品参考】 双道门设计:通过语音控制打开第一道门,可以方便快递员投放。

续表

烘焙模具的设计与制作

【内容情境】

班里要开联欢会了,大家可以自己携带一些小食品,你会选择动手制作一些造型独特的饼干类的小点心吗？这类造型独特的精美小点心需要使用模具,我们先来制作一个饼干模具。

【实践探究】

利用3D打印技术,设计制作一个饼干模具,然后用它来制作美食与同学们分享。

老人服药提醒仪

【内容情境】

在患有慢性疾病的老年人中,独居的老人很多,他们一旦忘记服药会对病情十分不利,会形成恶性循环。忘记服药已成为影响老年人特别是阿尔茨海默病患者健康状况的一大痛点。

【项目任务】

设计一个能够提醒老人服药的智能系统。

智能窗户

【内容情境】

现在居民楼的楼层越盖越高,高层的窗户是这些家庭的一个潜在危险点。新闻中我们曾看到由于家人看管不及时造成小孩爬窗坠楼的惨剧。那么怎样才能确保窗户的安全呢？智能窗户,不仅能够防止孩子爬窗坠楼,而且能够在窗外有人侵入时给监护人提醒,进一步降低安全隐患。

【项目任务】

设计一个智能窗户模型。

5. 技术＋工程

工程中的技术知识如表 3-16 所示。

表 3-16 工程中的技术知识

故宫中的木结构建造技艺
【内容情境】 　　北京故宫，是世界上现存规模最大、保存最为完整的木质结构的古建筑之一，也是中国古代宫廷建筑之精华，是无与伦比的建筑杰作。北京故宫的受力结构以木结构为主，是一种取材容易、加工简单的结构材料。基石设置在木柱下方，既避免了木柱与地面的接触，又防止白蚁沿木柱攀爬而破坏结构。木材表面涂上厚厚的腻子后再进行粉刷，既美化了环境，又具有防腐、防虫、防火的功能，突出人文特色。 【探究与设计实践】 　　1. 探究故宫中的斗拱结构，并制作一个简单的斗拱造型的结构。 　　2. 设计一个鲁班锁。

五、立德树人背景下的项目化教学设计与实施

我国著名教育家陶行知先生提出了"教学做合一"的教育思想，这种教学理念已经得到普遍认同。新课程也倡导学生在"做中学"，其实质就是把学习的主动权还给学生，让学生在做中学并建构自己的学科知识体系。通用技术以提高学生的学科核心素养为主旨，以设计学习、操作学习为主要特征，是一门立足实践、注重创造、体现科学与人文相统一的课程。通用技术倡导学生"做中学、学中做"，这些要求和目标与项目化学习可以结合起来。

"多维育人"目标的达成效果，在于学生是否全身心、高质量地投入学习活动中。除了关注"做中学"以外，还要关注情境创设，应立足技术实践活动，面向现实生活和真实世界，在学生的日常生活环境中发现、挖掘学习情境的资源。情境中的问题应当包括结构不良问题，需要学生利用已有的知识和经验等补充，使之结构化。针对一些具体的问题，让学生通过对情境的复杂性和不确定性进行分析，进一步明确需要解决的问题，并设计方案、制作模型。任务具有一定的开放性，没有唯一的答案，涉及技术、科学、社会、心理、艺术等学科知识。

因此，在进行项目化学习的过程中要处理好"情境""做""学"的关系，使学生能够在学习活动中"情中有悟,因情而行",从而实现核心素养和立德树人目标的要求。

(一) 情境内容开发

开发技术情境时,需要将育人目标融入丰富的情境内容中,情境内容主要分为三类:融入技术知识原理的情境、融入思想方法和品德形成的情境、融入问题解决的技术实践活动情境。科学合理的任务使学生在技术情境中明晰原理、滋养品格、提升实践能力。

1. 融入技术知识原理的情境

放到情境中的技术知识富有生命力和感染力,从而使学生学习到的技术知识能够指导实践活动。以"从'弓'字谈结构与力"的情境设计为例,在高中通用技术"结构与力"的教学中,以象形字"弓"为什么有多道弯而不是一个圆弧为问题展开,用现代力学知识进行分析。通过这个情境的设计不但可以使学生从一个新的角度理解技术原理和知识,还可以使学生深入了解中华文明的悠久历史,认识到中华民族在历史上一直是充满智慧的民族,从而增强民族自信。

2. 融入思想方法、品德形成的情境

思想方法、品德形成单纯通过讲授来达成有一定的困难,应该将内容和所处的环境建立起联结,与学生自身的经验取得联系,使其产生共鸣。例如,通过了解学生参观过的古建筑的连接方式,使学生感悟榫卯结构中蕴含的中国古人阴阳互补、虚实相生的哲学思想;通过都江堰的巧妙设计,深刻体验技术与自然和谐相处的技术生态观;通过欹器的结构特点"虚则欹,中则正,满则覆",在理解重心对结构稳定性的影响同时,领悟其中蕴含的做人做事要把握一定尺度的道理。

3. 融入问题解决的技术实践活动的情境

学生从真实的问题情境中提炼出需求,进而设计方案、完成模型制作的技术实践活动,有助于学生提高解决真实问题的能力。例如,"方便的收快递解决方案""烘焙模具的设计与制作"都是从生活中的真实需求出发设计出的情境,通过学习不但提高了学生技术问题的解决能力,也提升了学生关注生活、关注社会、关注他人的技术意识。

(二)"学"与"做"相协调

在教学过程中,要避免"学"与"做"的分离,通过项目式学习等方式,实现"做"与"学"的协调统一。针对知识的类型,采用"先学后做""先做后学""边做边学"等多种形式,处理好技术知识学习与技术实践的关系(图 3-2)。

图 3-2　"学"与"做"相协调

1. 先学后做

对于工具使用、材料加工、设施操作等具有程序性知识、规范性知识特征的技术实践知识的学习,通过先学后做的方式,使学生在掌握基本要领和要求的情况下,在"用知识""用技术"的同时,获得肌肉运动,获得四肢协调、手眼协调的学习与锻炼,获得运用工具中方向、力度、节奏、姿势、平衡、稳定、控制等过程与方式的知识和经验,从而获得技术设计、技术试验、技术操作、技术制作等实践性知识。

2. 先做后学

在进行设计的一般过程、技术与设计的原理性知识的学习中,采用先做后学的方式,使学生经历由直观体验到理论提升的学习过程,实现技术知识的主动建构。学生学习到的技术知识不仅仅是符号化的知识,而是能够应用于指导技术实践活动的知识。

3. 边做边学

对于强调创新设计能力、问题解决能力提升的学习,采用边做边学的形式,以任务为主线,在完成任务的过程中实现系统分析、比较权衡等具有默会知识特征的策略性知识的学习,实现多方面思维与技能的转化与迁移。

将学生"做"的过程融入具体的情境中,使学生能够在情境中找到活动的意义,还原技术活动本来的面貌,有助于学生解决问题能力的提升,尤其是"活性"和"人性"维度目标的达成。

在做的过程中要注意,设计与制作活动的意义需要通过情境体现。要使学生的技术实践活动面向完整的生活世界,通过真实的情境引导学生将技术学习融入日常学习生活、社会生活和大自然中,营造学科世界与生活世界共融的环境,使学生建立起学习与生活的有机联系,寻找到技术活动的意义,进而达成"人性"维度的育人目标。

另外,还要注意把握技术实践活动情境的开放度。活动情境的开放度,是指情境中解决方案、材料工具的选择等限制或要求的多少,导致的为学生自主设计或制作留有的创意空间的大小。开放性大的活动情境,学生的创意空间较大,不同学生的最终作品从解决方案到作品外观结构都有较大的差异。开放性小的活动情境,解决方案、制作方法等较为一致,学生的作品差异相对较小。

在教学中需要根据育人目标,调整活动情境的开放度。以工具使用、操作技巧练习为目标的活动,情境开放度较小,学生更专注于操作技能本身。以方案构思、创意设计等为目标的学习活动,情境开放度较大,为学生留有较大的创意空间。

第二节 通用技术项目化学习中的育人路径

一、立德树人的目标要求

立德树人的育人理念,阐释了我国教育"培养什么人、怎样培养人"的根本问题。立德树人就是要培养爱党爱国、信仰坚定的社会主义建设者和接班人,这是中国特色社会主义教育的本质要求。通用技术课程需要基于立德树人理念,充分挖掘学科特点,明确学科立德树人的目标。

(一) 坚定理想信念

理想信念是实现中华民族伟大复兴的精神源泉,没有理想信念,就会导致精神上"缺钙"。青少年作为社会主义事业的接班人,必然将担负起民族复兴的历史重任,因此要打牢理想信念的思想根基。立德树人就是要深化理想信念教育,围绕爱国主义、历史文化、革命精神等主题开展宣传教育,引导学生加深对国家、民族、历史、文化的认知与认同,增强"四个自信",树立为人民谋幸福,为民族谋复兴的远大理想。

在通用技术教学中,从项目主题的确定到项目内容的选择,都要围绕这个目标,坚定学生实现民族伟大复兴的信念。

(二) 厚植爱国情怀,培育创新能力

中华民族之所以能源远流长、生生不息,历经挫折而不倒,开拓进取创伟业,是因为其内蕴以爱国主义为核心的民族精神和以改革创新为核心的时代精神。爱国主义是国家民族团结统一、凝聚共进的精神源泉,改革创新是国家发展、民族复兴的不竭动力。立德树人就是要立足民族精神和时代精神,引导学生继承与发扬自强不息、与时俱进、开拓创新的精神品质。

通用技术的学科特点,尤其是以项目化学习作为重要的学习方式的背景下,创新能力的培养就显得尤为重要,要培养学生勇于创新的精神和创造性解决问题的能力。

(三) 传承中华文化,继承传统美德

中华传统美德是中华文化精髓,展现了中华民族最深刻的道德追求,是中华民族几千年来积淀下的宝贵精神财富。社会主义核心价值观集中反映了当代中国精神的核心要义,是对传统文化的继承与发展,是对人民共同价值追求的精辟概括。立德树人就是要大力弘扬中华传统美德,将社会主义核心价值观融入教育全过程,提升道德修为,涵养高尚情操。

(四) 增强综合素质,促进全面发展

人的全面发展学说是马克思主义教育理论的重要内容,对人的自我发展提出了更高要求,指明了社会主义教育的目标与方向。落实立德树人就是要促进学生德智体美劳的全面发展,有效提升学生综合能力和创新思维,保障身心健康发展,培养符合时代需求的高素质人才。

基于以上的目标，可以在项目设计时充分挖掘技术学科的育人因素。可以围绕"创新、传承、关爱、发展"四个主题展开，落实立德树人的根本任务。例如，"发现灵感之旅、创意新生活"系列项目体现了"创新"主题；"传承与创新、被遗忘的砲[①]"项目围绕"传承"主题，引导学生感受传统技术的魅力，并采用新的技术手段进行继承与发扬；"为弱势群体解忧、家庭安全、连通远山学子的求学之路"系列项目，引导学生关心家庭、关爱社会、关爱他人，树立正确的技术观；"未来的家、科技助力发展、人类的伙伴"系列项目，使学生能够关注科技的发展，获得自身发展必备的技术素养。

二、创新素养的培养

当前，建设创新型国家、培养创新型人才被提高到了前所未有的高度，创新人才的培养不能脱离于学校教育，而在学校教育中落实创新人才培养，反映了党和国家对教育和人才培养的规律性认识。在现阶段和未来很长时期，学校教育落实"创新人才"培养是时代发展的迫切需要。

在以往的以知识技能为线索的教学中，学生的学习方式是被动的接受式，创造性和动手能力的发展并不尽如人意。而活动项目则还原了知识与技能本来的存在方式，通过完成真实的活动项目任务，学生的综合应用知识技能的能力和创新能力能够得到充分的发展。因此，以活动项目、创新实践为教学线索的方式不失为一种更好的思路。

（一）以创新实践为抓手统整创新素养培养

创新是一个非常复杂的过程，关于创新素养的理论研究也很多。根据北京师范大学中国教育创新研究院提出的"21世纪核心素养5C模型"中对创新素养的界定，一个具有"创新"素养的个体，能够利用相关信息和资源，产生新颖且有价值的观点、方案、产品或成果。创新素养包括三个要素：创新人格、创新思维和创新实践。创新人格侧重于情意因素，创新思维侧重于认知层面的思维过程和方法，创新实践侧重于外显的行为投入，三个方面相互关联、相互促进。创新人格和创新思维是实践的基础，创新实践是创新人格和创新思维在特定任务

[①] 同51页的注释。

情境下的综合表达。

基于上述对创新素养要素的描述，明确了创新素养培养的要素架构（图 3-3），确立以创新实践活动为抓手，统整创新人格和创新思维培养的基本思路。

创新实践是创新人格和创新思维在真实问题解决中的综合表现，在创新实践活动中，学生不断生成新颖、有价值的产品，因此，创新实践活动既是创新素养"输出表达"的重要载体，又是创新素养"发展提升"的重要途径。通过创新实践活动，培育学生的创新人格，激发学生的创新动机，促进了创新思维的发展。创新实践活动需要精心设计，包括营造创新环境，强调创新的过程要基于情境与问题，同时要为学生的创新实践提供充分的支持，包括环境支持、工具支持、方法支持等。

图 3-3 创新素养培养的要素架构

以"车辆内轮差预警问题"创新实践项目为例，针对拐弯车辆存在内轮差容易导致交通事故发生的问题，提出自己的创新设计方案，并完成模型的制作。问题的背景来源于生活中真实存在的问题，学生要创造性地设计解决方案，灵活应用数学建模知识、信息技术知识、通用技术的模型制作知识等来完成方案的设计与制作。在完成任务的过程中，充分调动了创新思维，发展了创新人格（图 3-4）。

（二）项目化学习中学生创新素养的培养

1. 创新能力培养的三阶段实施

在教学中根据创新能力培养的整体架构，将活动内容恰当地融入三个环节中，每个阶段的项目内容和培养目标如表 3-17 所示。

创新实践活动

设计方案模型：解决车辆拐弯存在内轮差容易导致交通事故发生的问题

真实的创新情境

创新支持
网络课程材料：各种硬件传感器使用等

创新思维培养
采用数学建模建立内轮差模型

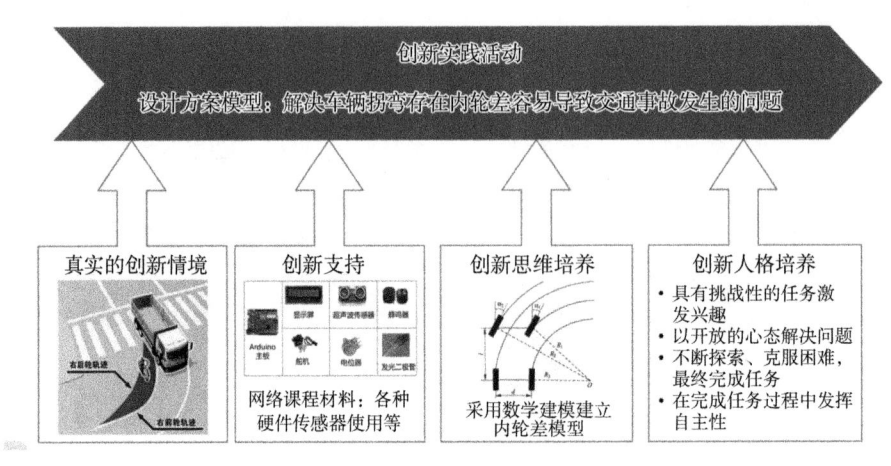

创新人格培养
- 具有挑战性的任务激发兴趣
- 以开放的心态解决问题
- 不断探索、克服困难，最终完成任务
- 在完成任务过程中发挥自主性

图 3-4　车辆内轮差预警问题创新实践项目设计

表 3-17　创新能力系统培养的实施方案设计

实施阶段	项目内容	培养目标	对应创新能力的要素
初级阶段	模仿为主，结构上进行简单变化	提高学生的物化能力	创新实践能力的初步培养：熟悉材料的种类、工具的使用，掌握常见的工艺方法
中级阶段	提供创新线索的创新设计项目	培养学生理性的创新构思的能力	创新思维的训练：发散思维训练、创新技法的应用。 创新实践能力的进一步培养：能在指定条件的情况下完成项目的制作。 创新人格的培养：创新精神的初步培养
高级阶段	自主发现问题的创新设计项目	培养学生自主发现问题并进行创新性设计的能力	创新思维的综合训练：能够提出创造性的解决方案。 创新实践能力的综合应用：能根据需要自主地选择材料、工具、工艺完成项目的制作、测试等环节。 创新人格的培养：创新精神的进一步培养；敢于冒险、标新立异的独立性培养；不怕困难的创新意志力训练

具体实施过程如下所述。

（1）初级阶段

在此阶段，学生的动手实践能力普遍较差，这方面的欠缺会直接影响到创新的成果物化是否成功，一旦失败会对学生创新的积极性产生消极的影响，同时也会反过来影响学生创新思维的严谨性和设计方案的可行性。因此,在此阶段培养学生的创新实践能力是重中之重,设计的实践活动应以模仿和简单的创新变化为主,旨在提高学生综合应用工具来表达构思的实践能力。用一句形象的话来形容这个阶段就是"教师领着学生走"。由于模仿的难度较小,成功的概率较高,学生的成就感会得到很好的保护,进而为下一阶段的创新活动打下良好的基础。

在此阶段中两个典型的项目是"创意台灯的设计"和"投石车模型的设计"(图 3-5)。这两个活动在模仿上有简单的变化,其创意难度相对较小。重点是使学生学习各种制作工具的综合应用。学生在设计的过程中要综合考虑自己的设计方案能否实现,如果不能还要调整方案,就是在这种不断的调整和尝试的过程中,培养了学生创新思维的严谨性。在实现设计方案的过程中会综合应用到多种工具,既有手工工具又有诸如激光雕刻机等现代的制造工具,在活动中既锻炼了实践能力,又具有一定的创意空间,让学生充分发挥自己的创造力,体验实践的乐趣。

图 3-5 初级阶段项目举例

(2) 中级阶段

学生在这个阶段已经具备了一定的动手实践能力,在创新性的方案设计中也能够严谨理性地构思,已经不再满足于模仿,因此这个阶段培养学生的创新思维是重点。创新思维的培养同样需要教师在创新实践活动中进行精心的设计。如果一开始就让学生天马行空地创新,学生往往不知从何下手。因此,教师在教学中要在学生学习了创新技法后设置某一类型的创新活动,为学生提供一条创新的线索。这个阶段可以理解为"教师给学生提供一根拐杖,让学生自己拄着走"。

例如,在教学中让学生应用某一种创新技法进行设计活动,让学生能够沿着这个线索进行创新,这在一定程度上降低了创新的难度。图3-6是学生应用组合法设计并用3D打印技术制作的多功能创意笔筒。

图 3-6　中级阶段项目举例

(3) 高级阶段

教师在这个阶段就可以"放手让学生自己走"了。学生经过了前面两个阶段的学习,既具备了一定的创新实践能力,也掌握了一定的创新技法。在这个过程中,让学生自主发现生活或学习中的问题,并提出创新的解决方法,然后进行实践。通过这个过程来培养学生创新人格中必备的善于发现问题的敏感性,并通过一个个不断克服困难、反复修改方案的过程来实现自己的方案。

例如,图3-7是学生在使用普通胶带时发现切割、粘贴都不太方便,从而设计的一个胶带粘贴切割小工具。在制作的过程中由于对尺寸精确度要求较高,学生在设计制作的过程中反复修改了几个方案,在这个过程中既对学生进行了发现问题的敏锐性训练,又通过不断失败、改进的过程锻炼了学生克服困难的毅力,很好地培养了学生的创新人格。

2. 针对不同学生群体的分层与多渠道实施

学生的兴趣、能力存在着差异,对于项目的设计也要充分地考虑这种差异,做到因材施教。通过这种方式调动所有学生的学习积极性,使每个学生都得到

图 3-7　高级阶段项目举例

充分的发展。如果说前面创新能力培养的三阶段实施是纵向层次的划分,那么针对不同学生的分层项目设计则是横向层次的划分。

对于部分动手能力强、思维活跃的学生,可以设计要求更高的一些活动项目,并以竞赛等多种形式对成果进行评价与肯定,从而使这些学生获得成就感,更有信心和兴趣从事技术创新活动。因此,在具体实施的过程中可以将任务划分为两个层次。

(1) 面向全体的基础型活动项目实施

在教学过程中,以面向全体的基础型活动为基础,设计整个教学内容和环节,充分考虑到大多数学生的基本情况,使每个学生的动手能力和创新能力都得到一定的发展。并从中发现部分创新能力和实践能力强的学生,为开展提高型活动做好人员的选拔和内容的铺垫。

(2) 面向部分学生的提高型活动项目实施

对于创新能力和动手能力强的学生,不满足于完成基础型活动,可以为他们提供更多的条件,提出更高的要求,完成提高型活动,并推荐学生的成果参加各种类型的创新型竞赛活动,使这些学生获得更高的成就感,从而使学生对于创新性活动的兴趣更高。通过这种形式,学生的动手能力得到更严格的训练和更好的提升。

以投石车模型制作为例,面向全体学生的任务为使用 PVC 材料制作小型模型,制作完成后通过竞赛的形式进行展示与评比。对于动手能力强的学生,要求他们制作功能要求更高的模型,并鼓励学生参加区级和市级的相关竞赛。

在培养学生创新能力的过程中,还可以充分利用各种资源,以课堂为主渠道,并结合多种课外活动的形式,全方位调动学生的创新积极性。例如,在通用技术课中进行 3D 创意设计项目活动的同时,也可以开展丰富多彩的 3D 创意课外活动。

(3) 利用各种校内外资源的活动项目实施

充分利用各种校内外资源,通过"请进来""走出去"等多种形式开展各类创新项目活动。例如,寒假期间将设计工程师请进校园,组织 3D 创意的冬令营活动,并进行作品展示,学生的创新积极性空前高涨。

另外还可以引入各类高端的学习资源,使学生开阔眼界,提高动手能力和创新能力。例如,组织一个年级的学生去高校参加基于防爆排雷机器人项目的创客体验课程,邀请专家进校园为学生讲工程课等。

创新能力的培养,不仅仅是对于个别学生的单独培养,更应该是对全体学生创新能力的培养,使每个学生都能具备一定的创新意识,能够突破自己僵化的思维模式,在实践中提高自己的动手能力,能够在原有水平的基础上有所提高。

(三) 数字技术支持的项目化学习实施

在创新素养培养的过程中,根据数字技术融入的方式不同,可以将其划分为三种角色:创新内容、创新资源、创新工具。

1. 数字技术作为创新内容

从学科融合进行创新实践活动的角度来说,数字技术作为技术学科的学习内容与其他学科内容融合,学生完成项目需要掌握并创造性地应用多学科的知识,才能完成创新作品。例如,信息技术与语文学科融合的"程序设计统计词频辅助名著人物分析"项目,学生需要应用信息技术中程序设计知识,将名著段落中的词频进行统计分析,得出结论,进而从一种创新的视角完成语文学科中的学习任务。

2. 数字技术作为创新资源

从利用学科知识解决真实问题所需要的保障来说,数字技术可以通过网络课程、多媒体资源等形式,用于课堂演示、自主学习、模拟实验、辅助拓展等,为学生完成创新实践活动提供资源保障。在具体实施的过程中,通过网络课程的方式,以创新项目为单位,将每个项目所需的数字化资源进行整合,作为资源性材料用于学生的个性化学习参考。学生在进行创新实践的过程中,可以进行自主学习。

针对创新项目实践活动,开发了微项目库和拓展资源库,以项目为单位进行组织,形成网络课程平台与资源,可以作为教师的教学内容,也可以作为资源性材料用于学生的个性化学习参考。

3. 数字技术作为创新工具

从学生完成创新实践项目的过程来说,数字技术可以为创新活动的各个环节提供多种工具和手段。

(1) 学习情境创设工具

学生的创新实践基于真实的问题情境,虚拟现实、视频、图像等多种数字技术为营造真实的问题情境提供了丰富的手段,由此可以创设出真实、有趣的问题情境,从而激发学生的创新动机。

(2) 信息获取工具

创新实践活动需要学生在广泛搜集信息的基础上,进行整理、加工、提炼,进而产生新的想法与方案。互联网、社交媒体、数字图书馆、专业网站等提供了海量的数据信息。搜索引擎、网络爬虫、RSS阅读器、文献管理工具、在线翻译工具等多种数字工具为学生获取信息提供了丰富的手段。

(3) 高阶认知工具

在创新实践活动中,需要发展学生的高阶思维能力,如批判性思维、问题求解、决策、创新思维等。数字技术不仅仅可以传递信息,还可以促进学生在完成创新项目的过程中主动思考、建构知识、促进高阶思维能力的发展。学生在学习过程中可以借助思维导图、计算机软件、互联网等分析现象、获取信息、解释和组织个人知识,并清晰地陈述、表现和反思自己的知识,从而达到深刻理解项目任务的目的。

(4) 合作交流工具

学生在完成创新实践活动的过程中基本以小组为单位,由于班级授课的限制,学生之间的交流合作一般限于组内或者班内。通过网络课程平台,学生不仅可以获得学习资源,还可以通过发起在线讨论、留言等方式在班级之外和其他班级的学生进行交流,拓展了学生的物理交流时间和空间。

(5) 学习评价工具

学生在创新实践活动中可以将过程材料通过电子的方式留存,从而记录学生的学习过程,使评价的角度更为全面。通过网络问卷,在了解学生情况的同时,促使学生对创新过程进行反思。利用技术手段还可以将评价结果以各种图示进行统计分析和形象化的展示,便于教师对学生整体和个体的学习情况进行充分的了解与分析。

学生创新素养的培养,是通过基于学科的创新性学习实现的。这里的创新性学习是指学生在学科领域或现实生活的情境中通过发现问题、调查研究、动手操作、表达与交流等创新实践活动,获得知识、技能和态度的学习方式和学习过程。由于其开放的学习内容和方式,以项目化学习的方式开展则比较恰当。

在基于项目的创新性学习的过程中,数字技术在整个过程中则可以提供丰富的资源与工具支持。

以"磁悬浮创意设计"项目为例,该项目是一个将物理学科和技术学科融合的创新实践项目。

① 项目创意阶段:数字技术辅助问题呈现与分析

利用数字化资源包括磁悬浮列车、磁悬浮地球仪等生活物品演示磁悬浮在日常生活中的应用,从而激发学生的创意构思。

学生经过讨论确定设计内容,并应用各类软件绘制流程图,用于厘清研究思路,同时作为学生的学习过程的重要电子档案留存,用于后期的学习评价。图3-8是某个小组设计的"磁悬浮电子秤"研究设计流程图,电子文档的形式不但厘清了研究设计环节,同时还把每个环节需要研究和解决的问题清晰地呈现出来,便于学生后期的研究实践顺利开展。

② 项目设计阶段:数字技术支持的新方案设计

在设计阶段,可以采用设计软件将设计方案用三维模型的方式进行展示、讨论、改进,从而确定最终的设计方案。图3-9是学生设计的"磁悬浮电子秤"三维模型。

③ 项目实现阶段:数字化工具支持下的方案物化

数字化工具为创新方案的物化和实现提供了精确、高效的实现与测试工具,包括程序设计软件、三维打印机、激光切割机、小型数控机床等数字化制造与加工工具。在"磁悬浮电子秤"的制作与测试阶段,学生首先应用软件根据测量的要求编写程序,用于磁隙测量和称重,进而实现物体质量和磁隙间映射关系的标定(图3-10),然后应用图表对不同的测试方式进行分析与比较,从而确定最终的标定方案。

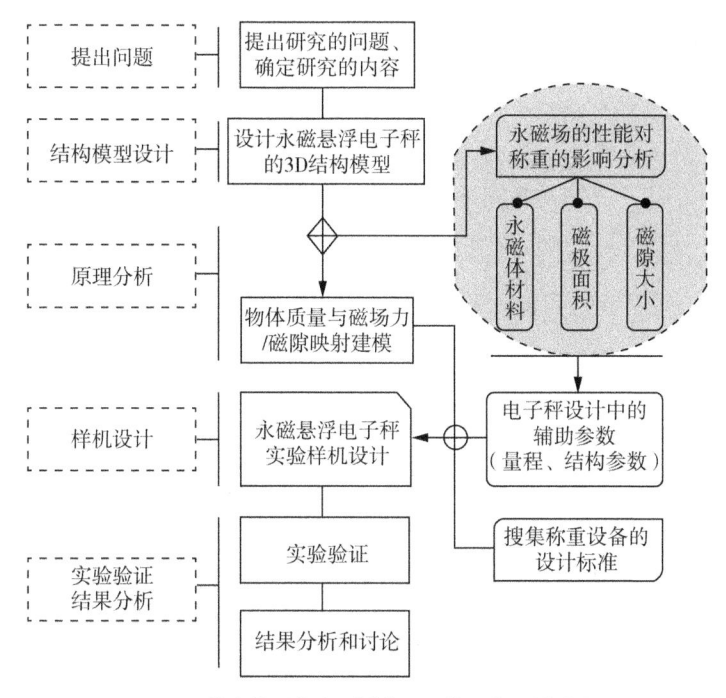

图 3-8　学生作品"磁悬浮电子秤"研究设计流程图

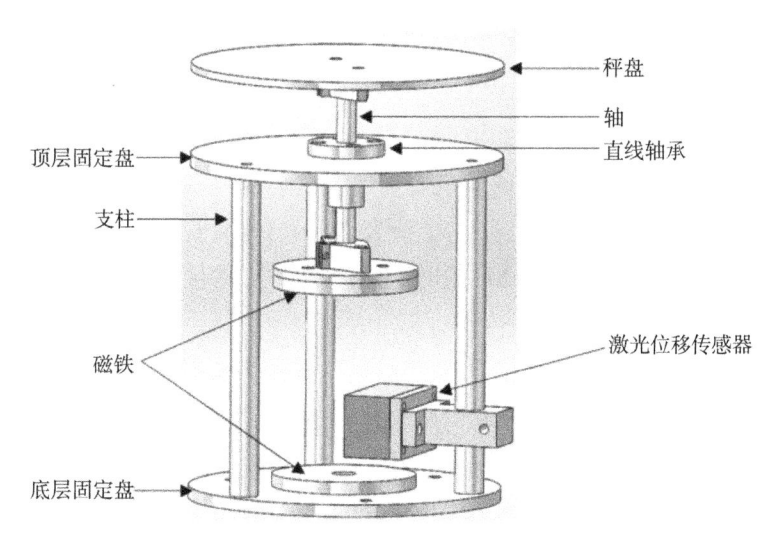

图 3-9　学生用 CAD 软件设计的"磁悬浮电子秤"三维模型

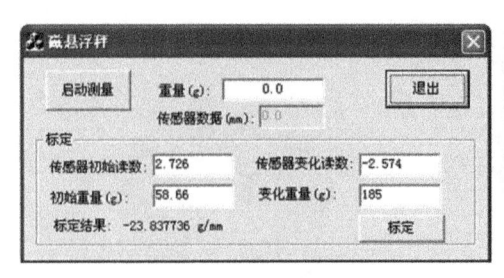

图 3-10　学生用自己编写的磁隙测量和称重程序进行标定

④ 数字技术支持的成果展示与评价

对学生创新实践的评价,可以借助数字技术记录学生创新实践中的各种过程性成果和资料,从而可以全面地对学生进行评价。例如,学生将创新过程和作品展示与介绍做成视频,应用网络就可以突破时间和空间、班级的限制,将整个创新实践过程在更大的学生群体范围内进行分享、交流和评价。

三、中华优秀传统文化教育

习近平总书记强调:"让中华民族文化基因在广大青少年心中生根发芽。"在落实中华优秀传统文化教育的过程中,要使"讲仁爱、重民本、守诚信、崇正义、尚和合、求大同"等中华优秀传统文化的思想精华和道德精髓真正渗透、融合进立德树人之中,培养具有中国心、中国魂的时代新人,需要注意以下几个方面:其一,强调素养导向。当前,传统文化教育存在"知识灌输多、内涵把握少""外在形式多、内在体悟少""被动模仿多、主动创新少"等现象,要解决这些问题,关键是从知识本位转向素养导向,既要传授知识,又要以此为载体提升学生的文化素养和道德修养。具体实施时,要紧紧围绕中华优秀传统文化的核心思想理念、中华人文精神和中华传统美德三大内容主题,以立德树人为根本,深刻把握中华优秀传统文化的本质要义,引导学生形成正确的历史观、民族观、国家观、文化观,强化学生对中华民族的归属感、认同感、尊严感、荣誉感。要根据新时代的特点和要求,为中华优秀传统文化注入时代精神,丰富其内涵,促进中华优秀传统文化创造性转化和创新性发展,不断坚定学生的"四个自信"。其二,强化实践创新。要在教学实施上积极探索,改进教学方式,创新育人途径,打造"课内＋课外、校内＋校外"的教学新样态,让中华优秀传统文化教育动起来、活起来。

在教学中实施中华优秀传统文化教育时要处理好两方面的关系：一是处理好传统文化与学生的生活的关系。传统文化的时代价值不是"显在"而是"潜在"的，只有经过教师精心挖掘，并放置在学生可感可知的具体生活当中，才能切实拉近传统文化与学生的距离，才能真正促使学生产生文化认同、形成文化责任。二是处理好传统文化教育中认知与践行的关系。"知行合一""纸上得来终觉浅，绝知此事要躬行"是中国传统教育的精髓。文化教育的理想境界是经过文化认知、文化理解，而达到文化践行。

通用技术课程应从中华优秀传统文化中努力挖掘对于学生全面发展的独特教育价值，将弘扬优秀传统文化的德育内容和方式与技术课程深度融合，并进行系统的规划和设计，使学生能够从技术的视角深入体会我国的科学技术水平直到近代以前一直领先世界，勤劳智慧的祖先在认识世界和改造世界上做出了不可磨灭的贡献。

通用技术课程中传承中华优秀传统文化可以通过"读万卷书，行万里路"作为路径，从内容上将各类书籍和实践活动中蕴含的技术元素进行深入的挖掘和利用，采用明晰原理、滋养品格、模仿制作、推陈出新等多种方式，使学生深入理解中华文化中蕴含的传统美德、智慧和人文精神，并采用现代的技术手段，进行符合时代特点的创新和利用，实现古为今用。

古人将"读万卷书，行万里路"作为获取知识的重要途径，即便在技术飞速发展的现代社会，依然不失为一种很好的学习方式。技术课程的教学不应被禁锢在课堂里，应该开发更多的途径，打破课内与课外、技术与人文的界线，从学习、生活中发掘更多的技术与文化教育元素。

中国几千年流传下来的优秀典籍中具有超越时代的智慧，就像屠呦呦从先秦古书《五十二病方》中得到启发，发现了青蒿素，被授予诺贝尔奖。这些典籍中记载的技术痕迹，也可以成为当代学生技术素养提升的重要助力。读万卷书，需要技术教师打破学科的界限，引导学生广泛阅读，从文学、艺术、技术等方面的优秀典籍中汲取营养，从中寻找与技术学科的连接点，丰富技术教学的情境，使学生的技术学习更富有文化的意蕴。随着全社会达成的"教育要走出课堂"的共识，游览祖国的名胜古迹、参观博物馆等已成为诸多家庭帮助孩子开阔视野、增长知识的重要途径。学校也会组织各种参观、体验等社会实践活动。

这些活动中蕴含着丰富的传统文化教育元素,可以被技术课程充分地运用。例如,很多经典的建筑、工程、博物馆馆藏文物中蕴含着丰富的技术教育价值,从技术的视角了解这些内容,可以让学生更深入地理解传统文化的精彩与力量。学生还需要继承中国古代科技和传统文化中的优秀基因,并借鉴、移植到当代技术活动的探索中,古为今用,开拓创新。

中华优秀传统文化与技术课程深度融合,需要对传统文化中蕴含着的技术元素进行梳理,形成具有技术色彩的中华优秀传统文化的德育内容体系。

1. 汉字、成语中的技术

构成汉字核心的象形文字,是古人通过观察思维对客观事物做的简约刻画,折射出了古人创造发明的水平。深入分析这些文字,以及文字中蕴含的技术原理,不但可以使学生从一个新的角度理解技术原理和知识,还可以深入了解中华文明的悠久历史,以点窥面地了解中华民族在历史上一直是充满智慧的民族。

例如,在高中通用技术课程"结构与力"的教学中,以象形字"弓"为什么有多道弯而不是一个圆弧为问题展开。由现代力学知识进行分析,古代制弓用的竹材,如果弯成弧形,外层竹片伸长,承受拉力,内层压短,承受压力。弓拉得越大,竹材弯得越厉害,当力不能承受时,结构就遭到了破坏。为了让竹材承受较大的弯曲力,古人想到,将竹材向相反的方向预先弯一下,使外层受些压力,内层受些拉力,等到拉弓的时候,便可以从内部抵消一些力,增大了弓的承受力,用现代工程术语叫作"加预应力"。"弓"字的甲骨文、金文等,不管哪一种字形,都有中间这一道弯,说明我国的古代工匠很早就已经懂得预应力的应用了。将这些知识融入学生的项目学习与制作环节中,可以使学生能够潜移默化地受到中国传统文化的熏陶,使学生增强民族自信,从而树立将来为国家科技发展贡献力量的坚定信念。

2. 技术典籍中的技术

中国古代技术典籍记载了很多具体的技术操作规则和应用方法,有些到现在依然可以为学生的技术学习提供借鉴与参考。《天工开物》《考工记》等很多学生只闻其名不知其详的古代科技著作,如果从技术课程的视角对其中记载的工艺进行了解,就像带领学生畅游古代科技大观园一样,学生在学习技术知识的同时,会获得很多思想养料和乐趣。

例如,在通用技术项目化学习中,可以在扎染实践项目的学习中,让学生了解并体验扎染这门古老的染色工艺,通过阅读《天工开物》的"彰施第七"中对草木染色工艺法的介绍,了解天然的植物染料给布料上色的各种方法,充分感受传统工艺的魅力。现代技术使染料行业对环境造成一定污染,在这个现实背景下,我们通过扎染工艺的介绍,在学生心中播下绿色环保的种子。

3. 文学作品中的技术

与古代技术典籍更多反映技术操作规则相区别的是,古代神话、诸子寓言、两汉辞赋、明清小说等文学作品中折射出的是丰富、生动的技术观。

通过大禹治水、女娲补天等故事的描述,可以看出中国古代技术没有仅仅停留在以实用为终极目的的功利层面,而是将技术中的实用功能与造福人类的初衷和谐统一在一起,体现了技术主体在技术活动中的勤劳、无私、忘我的道德伦理内涵。《墨子·辞过》篇中,阐述了技术的使用应利于民,而不是用于个人的奢靡享乐,体现了与当今社会倡导的"技术要为人民服务"相符的正确技术伦理观。《红楼梦》中对大观园中的景致和建筑设计的描述,则反映了人、技术、自然之间和谐共处的技术生态观。

把这些文学作品引入技术课程的项目教学中,可以使学生从技术的视角理解其中蕴含的技术伦理道德,继承中国传统文化中符合社会主义核心价值观的理念和思想,从而形成正确的技术价值观。

4. 文物中的工艺

走进博物馆是很多学生丰富假期生活、增长知识的一个重要途径。文物在一定程度上反映着当时的科学技术和制作工艺水平,因此,文物除了具有丰富的历史与人文精神教育价值之外,还蕴含着丰富的技术教育价值。技术课程可以指导学生学会如何从技术的视角欣赏文物。学生从技术的视角了解了文物,才会真正领略到我国古代劳动人民的聪明智慧、巧夺天工的技艺和工匠精神的内涵。

在金属加工工艺的教学中,结合商周太阳神鸟金饰的加工工艺,使学生了解到在商周时期,工匠至少已经掌握了热锻、锤揲、剪切、打磨、镂空等多种工艺。秦始皇陵铜车马,采用了世界上最早的拔丝工艺、镶嵌工艺、浇灌成型工艺、铸锻结合工艺、空心铸造工艺、活页连接工艺等十几项工艺。学生在学习技术知识的同时,为走进博物馆欣赏文物打好了技术知识基础,使参观过程不再是"看热闹",而是"看门道"。

5. 建筑中的文化

建筑对文化的影响是潜移默化而又无比深远的,很多词语都是从建筑学中发展而来的。例如,描述人的能力的时候,会用"栋梁之才""高屋建瓴"之类的词语;分析事情的时候,会用"关键"等词语。理解传统建筑的脉络,不但能够使学生了解技术,提高技术素养,还可以让学生更深入地理解中国的传统文化。

中国传统木结构营造技艺是世界非物质文化遗产,榫卯是七千多年前古代中国人的一项重大发明,不用一根金属钉,就可以做到天衣无缝、间不容发,体现了古人的设计匠心与造物智慧。在技术课程中使学生了解榫卯结构的特点和连接方式,学习技术知识,再通过参观各种古建筑,使学生近距离地欣赏中国古代工匠创造出的种类繁多、精巧无比的各式榫卯,深入体会中国人追求完美、精益求精的工匠精神,以及榫卯结构中蕴含的中国古人阴阳互补、虚实相生的哲学思想。

四、劳动教育

为深入贯彻落实《中共中央 国务院关于全面加强新时代大中小学劳动教育的意见》和教育部颁布的《大中小学劳动教育指导纲要(试行)》,根据《普通高中课程方案(2017年版2020年修订)》的要求,通用技术课程要与劳动教育进行统筹实施,进而落实立德树人的总目标。

根据文件的要求,结合通用技术课程的内容特点,从劳动观念、劳动能力、劳动精神、劳动习惯和品质四个方面,将通用技术课程中落实劳动教育的目标细化,与学科核心素养目标一起,共同作为课程目标在教学中落实。

通用技术课程作为实施劳动教育的重要路径,如何深入融合劳动教育,使劳动教育真正起到教育作用,而不是"走过场",是当前劳动教育课程设计与实施中应该探索的问题。家庭和学校实施劳动教育各有优势和局限。家庭劳动教育由于与生活密切相关,学生参与劳动的机会多,时间也较为自由;其局限在于,开展家庭劳动教育很大程度上需要凭借学生的自觉,或者家长具备劳动教育的意识,因此,家庭劳动教育的效果因人而异。与通用技术课程统筹实施的劳动课程的优势在于有固定的课时,可以对劳动技能、劳动方法等进行系统的学习和实践；其局限在于，由于课时原因，学生劳动实践的机会受限。

鉴于家庭和学校分别进行劳动教育的优势和局限，开展家校衔接的劳动教育，可以实现优势互补。将通用技术课程开展劳动教育所具备的系统性、规范性优势和家庭开展劳动教育所具备的实践机会多、时间灵活优势进行结合。通过家校开展相关主题的劳动教育内容，学校进行劳动方法的引领、提升，并进行初步的实践，家庭则对学校的劳动教育内容进行拓展和广泛深入的实践，真正使劳动成为学生日常生活的一部分，从而提高劳动能力、养成良好的劳动习惯。

（一）通用技术统筹开展劳动教育的原则

1. 着力培养学生的劳动素养

通过家校衔接的劳动课程，着力培养学生的劳动素养。

（1）树立正确的劳动观念：正确认识劳动的意义和价值；尊重劳动和劳动者；树立劳动光荣的信念。

（2）具有必备的劳动能力：掌握基本的劳动知识和技能；正确使用劳动工具；增强体力、智力和创造力；具备完成一定劳动任务所需要的设计、操作能力及团队合作能力。

（3）培育积极的劳动精神：领会"幸福是奋斗出来的"内涵与意义，继承中华民族勤俭节约、敬业奉献的优良传统，弘扬开拓创新、砥砺奋进的时代精神。

（4）养成良好的劳动习惯和品质：能够自觉自愿、认真负责、安全规范、坚持不懈地参与劳动，形成诚实守信、吃苦耐劳的品质。珍惜劳动成果，养成良好的消费习惯，杜绝浪费。

2. 劳动内容与实施方式的多样化，满足学生的个性化发展需求

劳动项目的种类涉及学生日常生活的各个方面，兼顾传统工艺与现代技术，以满足学生的不同发展需求，促进学生全面而有个性的发展。实施方式有利于学生根据个人的兴趣进行选择，从而提高劳动课程的实效性。

3. 注重课程内容的家校衔接，落实学生劳动习惯的养成

通过劳动课程的项目将学生在学校劳动课程中学习的内容应用于日常的家庭生活劳动过程中，从而强化学生劳动习惯的形成，使家校形成合力，促进学生劳动素养的提升。

(二)劳动项目实施的原则

1. 劳动项目设计与实施过程中有落实劳动素养的具体措施

劳动素养包括：劳动观念、劳动能力、劳动习惯与品质、劳动精神。教师在进行劳动课程设计与实施的过程中，要充分挖掘培养的契机，并在教学过程中有方法、有措施地全面落实。

2. 将通用技术选择性必修的内容与劳动项目内容进行有机结合

在通用技术选择性必修与劳动项目进行统筹设计与实施的过程中，要充分挖掘两者在培养目标和素养提升中的共性元素，使二者能够相得益彰、深度融合。

(三)家校衔接的劳动项目设计

家校衔接的劳动教育主题以"劳动创造美好生活"为核心，划分为五大模块：健康的家、美丽的家、安全的家、便利的家、整洁的家。家校衔接的劳动项目设计如图3-11所示。

(四)劳动项目实施的过程

课程实施过程中以项目为载体，学生通过完成相应的劳动任务进行课程的学习。课程实施的环节主要包括：了解劳动背景、明确劳动目标、掌握劳动基础、进行劳动准备、实践劳动过程、展示劳动成果、进行劳动评价与反思、劳动拓展。

(1) 了解劳动背景：通过劳动背景提出一个真实的劳动任务，使学生了解劳动活动的意义。

(2) 明确劳动目标：明确了解劳动需要达到的具体目标和要求。

(3) 掌握劳动基础：使学生了解完成劳动需要掌握的基础知识和技能，为顺利完成劳动任务扫清障碍。

(4) 进行劳动准备：包括环境准备、材料准备和工具准备，使学生在劳动开始前能够对工具和材料进行合理的准备和使用规划。

(5) 实践劳动过程：将完成劳动任务划分为多个小的环节，并针对每个环节选择恰当的劳动方式完成劳动任务。

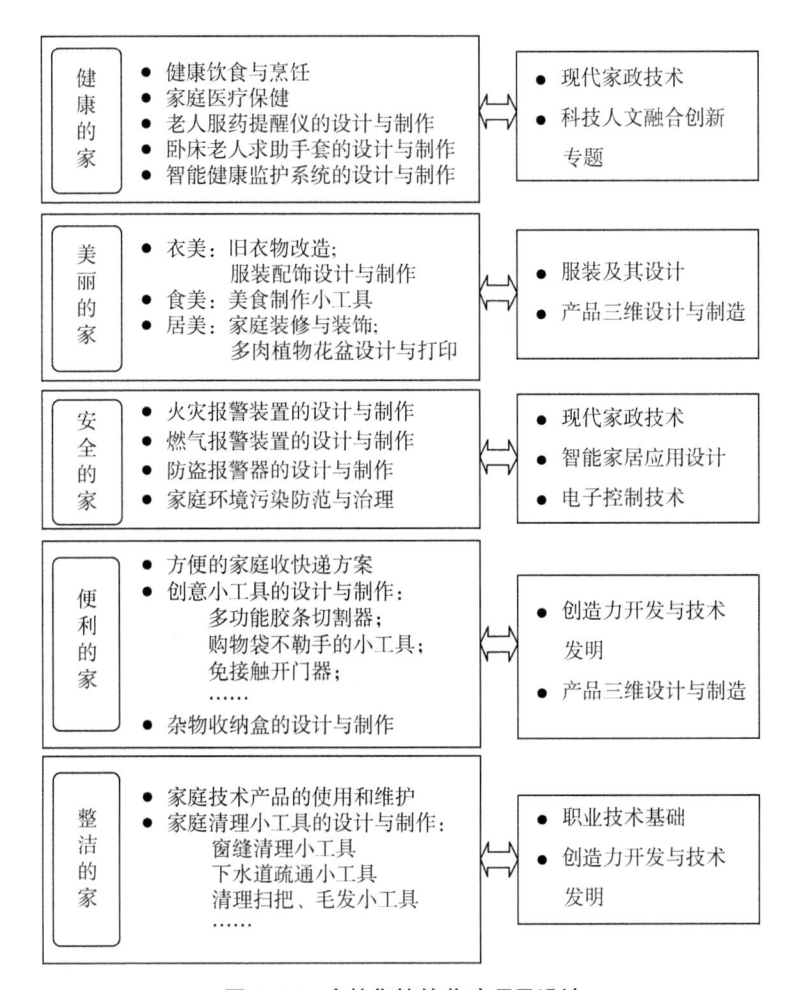

```
┌─────────────────────────────────────┐      ┌─────────────────────────┐
│ 健  │ ● 健康饮食与烹饪              │      │ ● 现代家政技术          │
│ 康  │ ● 家庭医疗保健                │ ⇔    │ ● 科技人文融合创新      │
│ 的  │ ● 老人服药提醒仪的设计与制作  │      │   专题                  │
│ 家  │ ● 卧床老人求助手套的设计与制作│      │                         │
│     │ ● 智能健康监护系统的设计与制作│      │                         │
└─────────────────────────────────────┘      └─────────────────────────┘

┌─────────────────────────────────────┐      ┌─────────────────────────┐
│ 美  │ ● 衣美：旧衣物改造；          │      │                         │
│ 丽  │         服装配饰设计与制作    │ ⇔    │ ● 服装及其设计          │
│ 的  │ ● 食美：美食制作小工具        │      │ ● 产品三维设计与制造    │
│ 家  │ ● 居美：家庭装修与装饰；      │      │                         │
│     │         多肉植物花盆设计与打印│      │                         │
└─────────────────────────────────────┘      └─────────────────────────┘

┌─────────────────────────────────────┐      ┌─────────────────────────┐
│ 安  │ ● 火灾报警装置的设计与制作    │      │ ● 现代家政技术          │
│ 全  │ ● 燃气报警装置的设计与制作    │ ⇔    │ ● 智能家居应用设计      │
│ 的  │ ● 防盗报警器的设计与制作      │      │ ● 电子控制技术          │
│ 家  │ ● 家庭环境污染防范与治理      │      │                         │
└─────────────────────────────────────┘      └─────────────────────────┘

┌─────────────────────────────────────┐      ┌─────────────────────────┐
│ 便  │ ● 方便的家庭收快递方案        │      │                         │
│ 利  │ ● 创意小工具的设计与制作：    │      │ ● 创造力开发与技术      │
│ 的  │     多功能胶条切割器；        │ ⇔    │   发明                  │
│ 家  │     购物袋不勒手的小工具；    │      │ ● 产品三维设计与制造    │
│     │     免接触开门器；            │      │                         │
│     │     ……                        │      │                         │
│     │ ● 杂物收纳盒的设计与制作      │      │                         │
└─────────────────────────────────────┘      └─────────────────────────┘

┌─────────────────────────────────────┐      ┌─────────────────────────┐
│ 整  │ ● 家庭技术产品的使用和维护    │      │                         │
│ 洁  │ ● 家庭清理小工具的设计与制作：│      │ ● 职业技术基础          │
│ 的  │     窗缝清理小工具            │ ⇔    │ ● 创造力开发与技术      │
│ 家  │     下水道疏通小工具          │      │   发明                  │
│     │     清理扫把、毛发小工具      │      │                         │
│     │     ……                        │      │                         │
└─────────────────────────────────────┘      └─────────────────────────┘
```

图 3-11　家校衔接的劳动项目设计

（6）展示劳动成果：是对学生劳动过程的总结和劳动成果的展示环节，以便检验学生的劳动效果，增加劳动成就感。

（7）劳动评价与反思：是对学生劳动过程中的劳动精神、劳动习惯、劳动能力、劳动态度、劳动规范等进行综合的评价，并对劳动过程进行反思与回顾，总结劳动经验和教训。

（8）劳动拓展：将学习的劳动知识和技能应用于相似的劳动场景中，提升学生的灵活应用能力，培养学生的劳动意识，养成劳动习惯。

（五）项目实施的建议

1. 基于劳动素养和通用技术核心素养合理确定劳动目标

与通用技术选择性必修课统筹的劳动课程，在培养学生劳动素养的同时还要兼顾通用技术的学科核心素养。因此，要将劳动观念、劳动能力、劳动精神、劳动习惯和品质等劳动素养的培养与技术意识、工程思维、创新设计、图样表达、物化能力等通用技术学科核心素养进行有机的融合，使素养的培养落实到具体的劳动实践活动中。教师要充分挖掘劳动学习内容的教育价值，注重在学习和掌握基本劳动知识技能的过程中，引导学生领悟劳动的意义和价值，形成勤俭、奋斗、创新、奉献的劳动精神，帮助学生养成自觉自愿、认真负责、安全规范、坚持不懈地参与劳动的习惯，形成诚实守信、吃苦耐劳的品质。

2. 创设真实的、有助于家校衔接的劳动情境

家校衔接的劳动课程要立足劳动实践活动，面对真实生活和现实世界，挖掘面向学生真实的个人生活任务情境。采取基于任务、基于项目的学习情境设置策略。通过创设有助于学生学习的问题情境，引导学生通过实践、思考、探索、交流等，获得基本劳动知识、技能、思想方法、实践经验，促进学生善于观察思考、注重运用所学知识解决实际问题。基于项目实践的完整过程，引导学生从现实生活中发现需求，选择和确定劳动项目，引导学生对项目进行整体构思，综合运用所学知识、技术，不断优化行动方案。

3. 引导学生选择适当的学习方式

针对劳动的实践性特征，基于劳动知识和技能、方法和技术等内容，教学中要结合"做中学、学中做"理念，组织和开展劳动教育活动，进行设计学习和操作学习。引导学生通过观察、设计、制作、试验、淬炼、探究、展示等实践方式获得丰富的操作体验，习得劳动知识与技能。在教学中，根据劳动教育任务特点，采取主题学习、项目学习等方式开展劳动项目实践。围绕劳动能力的培养，让学生完成综合性任务，经历完整的劳动过程。

根据劳动内容学习特点，模仿学习也是一种常用的学习方式，广泛用于劳动教育操作技能与方法的学习中，教师要注意在教学中做好讲解与示范，帮助学生学会劳动基本方法与操作技能。

4. 加强劳动过程的实践指导

在教学中,教师要加强对学生劳动过程的实践指导,参与学生劳动实践的全过程,成为学生劳动项目实践的组织者、参与者和支持者。

教师在指导学生参与劳动项目实践过程中,要注重激励、启迪、点拨、引导,突出学生的学习主体地位。要指导学生做好劳动过程的记录和劳动任务清单的填写;指导学生做好劳动实践场地、设备、工具、材料的清理,形成认真负责、安全规范、坚持不懈地参与劳动的良好品质。

5. 合理配置教育装备和提供安全保障

根据家校衔接的劳动课程的特点,在选择项目时要充分考虑学校的教育装备和家庭所具备的劳动环境和劳动工具。明确区分学校劳动课程的内容和家庭劳动的内容。要结合学校现有办学条件,从劳动课程教学实际出发,推动学校充分利用校内学习、生活有关场所,逐步建好配齐劳动课程专用教室、实践场地。劳动课程专用教室要配备必要的工具、材料、设备、模型、软件及安全用品等,配齐配足学生实践操作所需要的常用原材料和耗材。建立设备日常维护和耗材定期补充机制,保证劳动课程实施需求。

教师要加强对学生的劳动安全教育,强化劳动风险意识,科学评估劳动实践活动的安全风险,排查、清除学生劳动实践中的各种隐患。在场所设施选择、材料选用、工具设备和防护用品使用、活动流程等方面制定安全、科学的操作规范,还要制定劳动实践活动风险防控预案,完善应急与事故处理机制。

(六) 劳动项目的评价

1. 评价的设计原则

(1) 评价理念:评价用以促进学生的劳动实践过程总结、反思和提高,促进学生劳动素养的提升,为教师进一步改进教学提供参考。

(2) 评价主体:体现评价主体的多元化,学生参与到评价过程中,进而激发学生主动参与的意识。

(3) 评价形式:过程与结果并重,过程性评价可以采用观察、阶段物化成果、学生的学习过程档案等多种形式;最终结果评价着重劳动任务的完成效果,教师引导学生进一步优化。

(4) 评价内容:过程性评价突出学生劳动观念、劳动精神、劳动习惯与品质等方面;终结性评价侧重学生劳动知识、劳动能力的综合运用。

2. 评价的内容

（1）劳动观念:评价学生对劳动价值、劳动过程、劳动成果等方面的认知发展水平。例如,能否正确理解劳动是人类发展和社会进步的根本力量,能否认识劳动创造人、劳动创造财富、劳动创造美好生活的道理,能否尊重劳动、尊重普通劳动者,能否牢固树立劳动最光荣、劳动最崇高、劳动最伟大、劳动最美丽的思想观念等。

（2）劳动能力:评价学生完成劳动任务所需的实际能力发展水平。例如,能否知道基本的劳动知识和技能,能否正确使用常见的劳动工具,能否具备完成一定劳动任务所需要的设计、操作能力,以及问题解决能力和团队合作能力,能否通过劳动任务实践增强体力、智力和创造力等。

（3）劳动精神:评价学生在劳动过程中体现出来的人格气质。例如,能否领会"幸福是奋斗出来的"内涵与意义,能否继承中华民族勤俭节约、敬业奉献的优良传统,能否在劳动学习中弘扬开拓创新、砥砺奋进的时代精神,能否具有勤劳、奋斗、奉献、创新的劳动精神,以及能否具有精益求精、追求卓越的工匠精神。

（4）劳动习惯与品质:评价学生在劳动学习、体验、实践等过程中形成的稳定内化的人格特质。例如,能否自觉自愿、认真负责、安全规范、坚持不懈地参与劳动,能否形成诚实守信、吃苦耐劳、专心致志、勤俭节约的劳动品质,能否珍惜劳动成果,能否形成和具有从事辛勤劳动、诚实劳动、创造性劳动的品质。

通用技术融合劳动教育的项目要精选体现我国劳动人民智慧的典型案例,使学生树立民族自豪感和对劳动人民的敬佩之情,从而形成正确的劳动观、服务他人的劳动意识和创新精神。学生在动手实践的过程中,不但能够学习必要的劳动技能,还要能够体会劳动的辛苦,从而珍惜劳动成果。在项目实施的过程中,教师要对学生进行劳动规范、劳动安全的正确引导和教育,使学生养成良好的劳动习惯。

第四章

通用技术项目案例

通用技术项目的设计,需要充分挖掘技术学科的育人因素,落实立德树人的根本任务。例如,围绕"传承"主题,引导学生感受传统技术的魅力,并用新的技术手段进行继承与发扬;为弱势群体解忧的创意项目,引导学生关心家庭、关爱社会、关爱他人,树立正确的技术观等。

第一节　项目教学案例

教学案例 1:投石机模型制作

一、项目背景分析

1. 项目内容分析

以往在讲到《系统与设计》单元的时候,教师往往用案例分析的方式进行,学生理解起来难度不大,但我们发现学生在实践环节中往往不能将系统的理论应用到实践中去,造成理论与实践的脱节。因此,设计一个学生易于制作,并由此将系统的相关知识应用到实践中去的活动项目是非常有必要的。投石机模型设计项目可以将系统的知识很好地融入其中,并有一定的趣味性。学生制作完成后还可以参加竞赛,学生的学习兴趣浓厚。

2. 学生情况分析

学生已经学习了系统的相关概念,对于系统的整体性思想在生活中的应用有表面上的认知,但与能够很好地将系统应用到实践中还有一定的差距。学生对于通过案例堆砌式的讲授教学所理解的概念仅限于文字表面,而对于自己真正体验过的活动得出的结论则更容易内化。

二、项目目标

项目目标如表 4-1 所示。

表 4-1　项目目标

素养目标	目标内容描述
知识	理解系统分析和设计的一般步骤
能力	能够将系统的基本知识应用于系统分析与设计的过程中
思维	通过模型的分析与制作，初步掌握系统的基本思想方法； 通过系统的基本特性的分析与应用过程，树立全局观念
意识	养成用创新方法解决问题的意识
品质	养成在小组合作中积极参与的习惯

三、项目准备

1. 项目材料准备

（1）制作材料：模型用 PVC 管材、PVC 板、细线绳、速干胶。

（2）制作工具：美工刀、手电钻、直尺、剪刀、铅笔。

（3）教学用课件。

2. 项目辅导资源准备

项目辅导资源准备内容如表 4-2 所示。

表 4-2　项目辅导资源准备内容

环节	学生问题预测	指导方案及资源设计
项目设计	系统分析的一般过程是什么？	提供系统分析相关的文本资料
	系统设计的一般过程是什么？	提供系统设计相关的问题资料
	古代战争中使用的投石车是什么样子？工作原理是什么？	提供关于投石车的图片、视频和有关文字资料
项目制作	材料及其加工工具的选择与使用	提供材料工具、安全使用注意事项。教师现场巡视，提供技术支持
	结构组装中应该注意的问题 （结构的稳定性和强度）	提供相关技术理论的幻灯片及文字材料，教师现场巡视，提供现场指导
项目测试	如何测试才能保证系统是稳定、高效的？	提供给学生相关的文档资料，先观看，再针对本组的设计进行测试

四、项目实施

学生分小组完成整个项目的制作过程,2~3人一个小组。

1. 项目制作方案的确定(第1课时)

学生以小组为单位完成学案中系统设计分析表(表4-3)的填写,再选择采用的方案。

表 4-3 系统设计分析表

设计内容	设计什么?
问题陈述	要解决什么问题?
设计要求	设计要达到的效果
约束条件	根据软硬件条件,明确设计的约束条件
核心内容	聚焦要解决问题的核心

涉及的知识点:系统分析的一般步骤

设立目标 ⟶ 制定方案 ⟶ 评价比较 ⟶ 做出决策

(1) 设立目标:完成一个具有发射功能(可以发射矿泉水瓶盖)的投石车模型,发射距离越远越好。

(2) 制定方案:查找投石车发射原理,根据所给定的材料,明确有哪几种可以设计的方案(图4-1)。

图 4-1 采用不同发射原理设计的投石车模型方案

(3) 评价比较:分别就三种不同发射原理的投石车模型进行评价比较,主要从三个方面进行:发射原理、制作难度、发射距离。

①配重型：采用杠杆原理，发射距离较近，制作相对简单。

②弓力型：采用弓箭原理，发射距离较远，制作较难，使用中容易损坏。

③扭力型：采用线扭转后将存储的弹性势能转化为动能的原理，带动投杆，发射距离较近，制作简单。

（4）做出决策：确定适合本组制作的投石车模型的类型。要考虑本组的制作水平，保证在投掷三次后不能损坏的情况下同时平均发射距离最远。

2. 项目的设计分析（第2课时）

（1）学生以小组为单位填写学案中的系统设计抉择表（表4-4），再选择采用的方案。

表4-4 系统设计抉择表

核心内容	设计要求描述	"头脑风暴"解决方案	解决方案描述	评价 1＝不好 5＝非常好
支撑装置子系统的核心问题				
发射装置子系统的核心问题				
运输装置子系统的核心问题				
转向装置子系统的核心问题				
其他子系统				

涉及的知识点及流程：

将系统分解成子系统 → 确定子系统的目标、功能及相互关系 → 对于系统进行设计 → 对系统进行总体的设计与评价

（2）知识点分析

①系统分解为子系统

如果要完成最基本的发射功能，至少需要支撑装置、发射装置，如果需要增加一些其他的功能，如方便运输、防御等，还需要增加运输装置、防御装置、转向

装置。

②确定子系统的目标、功能及相互关系

a. 支撑装置的设计：要考虑稳定性及强度，底盘的大小要考虑整个投石机的高度，同时还要考虑给定数量的材料。

b. 发射装置的设计：要考虑发射的有效性，对于配重型投石机要考虑杠杆原理的应用、投杆支点位置的确定，同时还要考虑支撑装置的连接。

c. 运输装置的设计：要考虑轮子的强度以及与底盘的连接方式。

d. 转向装置的设计：要考虑转向装置如何与底盘进行活动可拆卸式的连接。

e. 防御装置的设计：要考虑整体材料的分配以及给定数量的材料是否够用。

③子系统的设计

在进行各个子系统的设计时，要充分考虑系统的基本特性，尤其是整体性、相关性，考虑整体功能的实现，同时还要考虑其他子系统间的配合和连接。

④对系统进行整体的设计与评价

对各个子系统的构思完成后，要进行整体的设计与制作。制作完成后进行发射测试，检验制作的效果。

3. 项目的制作调试（第3、4课时）

学生分小组完成投石机模型的制作，过程中教师需要进行个性化辅导，观察各小组分工情况，并进行过程性记录，发现共性问题进行统一辅导。

4. 项目的测试与评比（第5课时）

项目完成后，采用竞赛的形式展示效果，并对制作结果进行评价。

五、项目评价与总结

1. 反思、评价与交流

学生完成过程管理与评价的自评部分（表4-5），并进行评价展示。

表 4-5　项目作品评价

评价内容	评价指标 A	评价指标 B	评价指标 C	小组自评	教师评
小组合作	恰当分工,密切合作	基本能够分工合作	没有分工,某个人或部分人很少参与		
制作过程	工具使用规范,注意保持整洁	工具使用基本规范,能在老师的提醒下保持整洁	工具使用不规范,不注意保持操作环境的整洁		
制作效果	投射距离在本类型中居于前40%,且发射完成后结构没有损坏	投射距离在本类型中居于后60%,且发射完成后结构没有损坏	投射距离在本类型中居于后60%,且发射完成后结构损坏		

2. 项目小结

本项目以古代战争武器"投石机"模型为载体,进行系统的分析和系统的设计教学,以动手实践为主线,将知识点贯穿其中,较好地体现了学科特点,同时也是比较符合课标要求的一种方式。该项目趣味性强,难度适中,可操作性强。学生学习的热情大大提高,在项目分析、设计、制作的过程中很好地将系统的相关知识进行了实践,培养了学生的全局观,使学生能够形成整体性、相关性的意识。

教学案例 2:老人服药提醒仪

一、项目情境

一些老人由于基础疾病需要长期服药,往往老人记忆力下降,经常会出现忘记服药的情况。此外,从医院和养老院的角度来讲,一个护理人员需要照顾众多的老人,有庞大的工作量。如果用一套系统来提醒定时发药,则可以减少护理人员的工作量,还能提高分药、发药工作的精准度和速度。比如,同一个病房的患者一号是早晚服药各一次,而二号是一天三次,用系统提示的话就可以简便很多。

请你尝试为老年患者设计一套智能服药提醒仪,供老年患者以及医院住院部的医护人员、养老机构的服务人员使用,提醒老年人按时服药。

可以自己制作提醒仪的外壳,也可以购买合适的外壳来改装。

二、项目目标

项目目标如表 4-6 所示。

表 4-6　项目目标

素养目标	目标内容描述
知识	1. 掌握开源硬件的知识并能够实现项目需求的功能; 2. 能够用三维软件完成项目的外观设计
能力	1. 能根据现有条件和设计要求,制定项目的一个或多个设计方案; 2. 能根据设计要求选择合适的材料,完成项目的制作,并进行技术测试
思维	1. 能用结构、系统、控制、流程等思想对项目进行分析; 2. 能利用程序设计的基本结构编程解决问题
意识及品质	1. 养成用创新方法解决问题的意识; 2. 养成在小组合作中积极参与的习惯

三、项目准备

1. 工具与材料

(1) 微控制器 Arduino Leonardo;面包板;RTC DS3231 模块;12864 液晶显示屏;10K 电位器,10K 电阻;蜂鸣器;Led 灯(任何颜色);按键;杜邦线若干。

(2) 安装了 Arduino 编程软件的多媒体电脑。

2. 指导方案与资源准备要点

项目辅导资源分析表如表 4-7 所示。

表 4-7　项目辅导资源分析表

环节	学生问题预测	指导方案及资源设计
项目设计	对智能家居产品的了解较少,设计无从下手	面向全体学生播放智能家居的介绍视频
	可用计时和显示的元器件有哪些?工作原理及使用方法是什么?	准备计时器、液晶显示屏的使用方法介绍,准备程序编写方法的文本材料,作为学案提供给每个小组
	可用作服药提醒的元件有哪些?如何使用?	准备蜂鸣器和 LED 灯的使用方法介绍,作为文本材料提供给每个小组

续表

环节	学生问题预测	指导方案及资源设计
项目制作	老人服药提醒仪的故障排查应该如何入手？	录制开源硬件项目制作的故障排查的微课，作为电子材料提供给每个小组，学生遇到相关问题后，可以先观看后自主排查
项目测试	如何测试才能保证系统是稳定的？	提供给学生相关的文档资料，学生先阅读再针对本组的设计进行测试

四、项目实施

项目实施任务安排表如表4-8所示。

表4-8 项目实施任务安排表

课时	环节名称	学生任务	教师引导要点
1	引入情境，提出任务，查找资料	查找资料，寻找设计灵感	引出情境，激发学生的兴趣
2	项目的设计分析	学生以小组为单位，填写学案中的系统设计分析表和系统设计抉择表，再选择采用的方案	引导学生关注系统分析的一般步骤和系统设计的过程
3	项目的制作调试	学生分小组按照确定的方案进行制作：电路连接、编码、调试完善	引导学生关注电路连接流程，完成控制电路代码的编写，对调试结果进行完善
4	项目的测试与评比	展示最终作品，并分享自己的制作过程和心得，完成评价方案	引导学生回顾制作过程，引发学生的反思和提升

五、项目评价设计

项目过程管理如表4-9所示。

表4-9 项目过程管理

内容	自评描述	得分(10分)
项目进度管理		
学习态度		
方法的总结		
合作与交流		
反思		

项目作品评价如表 4-10 所示。

表 4-10 项目作品评价

评价维度	权重	分值 4~5分/8~10分(A)	2~3分/4~6分(B)	0~1分/0~2分(C)	得分
方案设计	10	能够满足老年人服药提醒的需求	基本能够实现提醒功能	设计提醒功能不够完善	
工具工艺	10	选择适合的加工工艺,使用合理的加工工具,加工效果能够实现设计功能及呈现设计效果	能够应用基础加工工艺及工具实现功能,工艺的选择相对合理	基本能够使用工具完成项目的制作	
方案呈现	10	电路部分、功能部分的方案思路清晰,呈现效果好	基本能够呈现电路和功能部分的方案	方案呈现不够清晰	
作品成型	10	具有基本结构及强度,程序设计合理,模拟演示成功,能够实现设计功能,呈现设计效果	具有基本结构及强度,基本表达设计功能及效果	具有基本外观结构,功能实现效果欠佳	

六、项目实施相关资源及注意事项

1. 作品功能参考

提醒方式可以有以下几种：

（1）声音报警；

（2）在液晶显示器上显示；

（3）在提醒当前时间的同时提醒下一次服药时间。

考虑到老年人的使用情况，可以把服药模式分为三种：一日一次、一日两次和一日三次，分别对应三个不同的按钮，用于选择某种服药模式，在设定的时间自动提醒患者服药；也可以根据患者的实际需要，采用组合方式。

2. 可以自己制作提醒仪的外壳，也可以购买合适的外壳来改装。老年智能服务提醒仪如图 4-2 所示。

3. 电路连接参考图

电路连接参考图如图 4-3 所示。

图 4-2　老年智能服务提醒仪

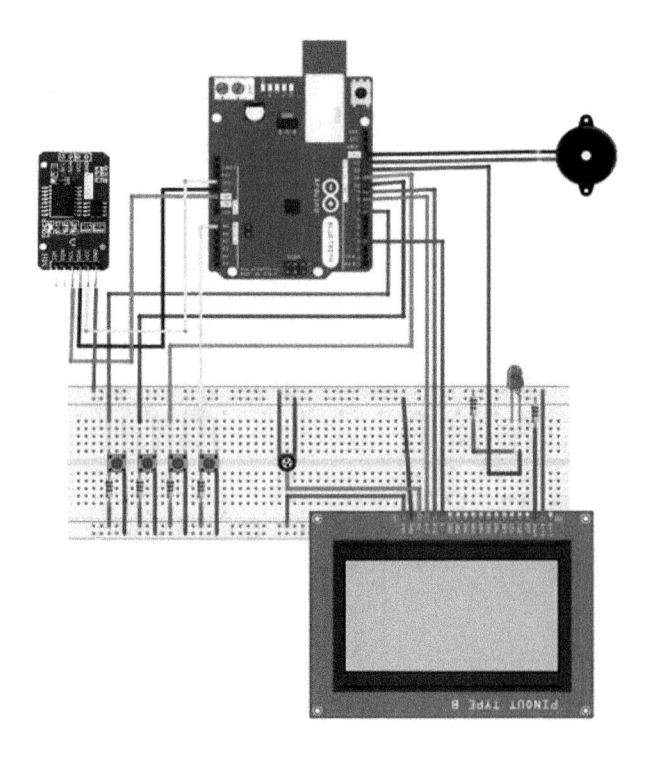

图 4-3　电路连接参考图

4. 主要元器件及使用功能

（1）DS3231 时钟模块

RTC DS3231 通过 I2C 协议与 Arduino Leonardo SCL（时钟）、SDA（数

据)端口连接,它还具有内置 32 K 内存,可用于存储其他数据。RTC DS3231 模块通过 Arduino Leonardo 的 3.3V 引脚供电。RTC DS3231 模块与 3 V 电池如图 4-4 所示。

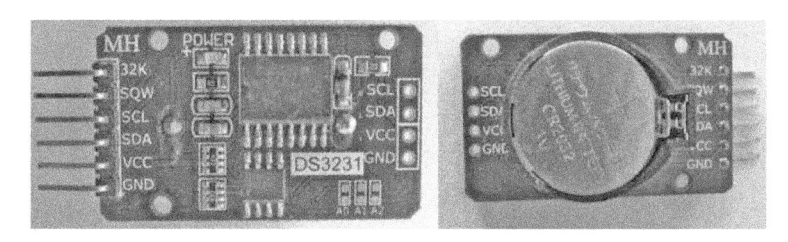

图 4-4　RTC DS3231 模块与 3V 电池

(2) 12864 液晶显示屏

12864 液晶显示屏如图 4-5 所示。

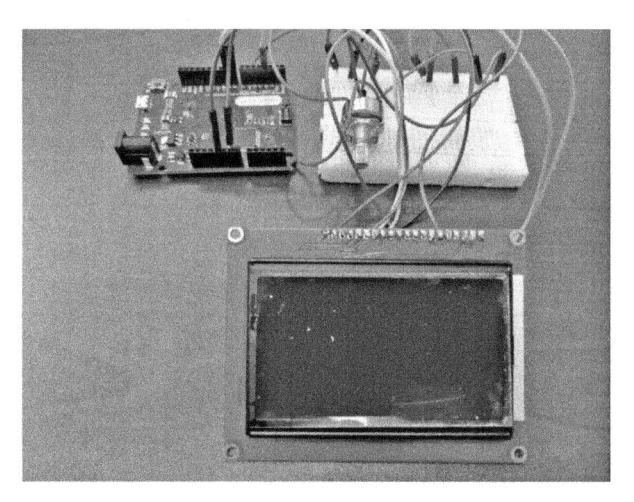

图 4-5　12864 液晶显示屏

12864 液晶模块可以采用 ST7920 控制芯片。如果使用端口较多,数据总线可以采用 SPI 串口连接方式,只需连接 EN(时钟)、RS(片选)、RW(读写)三个引脚即可,占用端口较少。同时,12864 液晶显示屏选用带中文字库的型号,后期不需要在程序中写入字库,易于编程,可轻松地在液晶屏上显示中文信息。为了方便调节液晶屏的背光明暗,还可以增加电位器,用于调节光亮的对比度。

（3）蜂鸣器

为了实现提醒功能，可以采用蜂鸣器用于服药提醒，同时还可以增加 LED 亮灯提醒，从而做到双重提醒。为了提供更好的用户体验，还可以增加语音提示功能。

（4）按键

简便起见，以四个按键为例，分别执行不同的功能：

服药模式 1:1 次/日，早上 8 时，按第一个按键；

服药模式 2:2 次/日，早上 8 点，晚上 8 点，按第二个按键；

服药模式 3:3 次/日，早上 8 点，下午 2 点，晚上 8 点，按第三个按键；

使用者听到服药提示报警音，并服药完毕后，按下第四个按键，蜂鸣器停止鸣叫。

5. 项目拓展功能

（1）通过电子邮件或电话短信通知病人家属，以实现家人远程电话通知和该系统提醒的双重保证。

（2）使用移动应用功能，利用手机 APP 远程设置服药时间、服药量，监测病人的服药情况，使用蓝牙/Wi-Fi 传输服药数据，对病人的服药历史实行数据化管理，并可上传到云端，在云端统一对患同类疾病的患者实现基于物联网和大数据的统一管理。

（3）根据患者的需求，不断丰富服药模式和灵活设置服药时间，满足更加个性化的用户体验。

第二节　学生项目报告

学生项目报告 1:智能乒乓球拍

北京市陈经纶中学　杨佳翊

项目点评：该项目体现了学生综合应用通用技术的一般设计过程与开源硬件、程序设计、物理等相关知识创造性解决问题的过程。该研究报告将学生在项目完成过程中的完整分析与过程，进行了记录和系统的整理，同时也对该项目的完成过程进行了反思,充分体现了学生在完成项目过程中学科核心素养提升的过程。本项目在第 41 届北京市青少年科技创新大赛中荣获发明类一等奖。

一、项目背景

乒乓球被称为中国的"国球",深受人民群众的喜爱,为了更好地指导爱好者练习乒乓球,有必要把现代化数字技术运用到该运动中。将常见球拍改装成为智能球拍,以便采集运动数据,并结合当前物联网技术,总结乒乓运动的标准方法。这是很有意义的一次尝试。

本项目的目标是制作一个智能球拍,能够在打乒乓球的过程中,自动计算挥拍次数。

二、典型的挥拍过程的分析

打乒乓球的挥拍过程(图 4-6)是有规律的,以常见的拉弧圈球为例。整个过程如下:

(1) 两脚分开,两膝内收微曲,重心置前脚内侧,左脚在前,略提脚后跟,身体略右转,手腕外展,向后拉,拍形成横立状[图 4-6(左)]。

图 4-6　乒乓球拉弧圈球

(2) 引拍至右后方,当来球跳至高点期或下降前期时,触球中上部或中部,腰髋带动上臂,前臂由后向前挥动,击球瞬间立即向前上方发力,右脚掌内侧用力蹬地,稍伸膝,前臂要迅速旋内收缩,协同摩擦,重心由右脚转向左脚[图4-6(右)]。

(3) 快速将身体调整成为准备动作(1),为下一次击球做准备。

在(2)这个动作中,有加速运动、最高速度运行、减速运动到静止三个阶段。在实验中,我们要计算出在整个过程中,乒乓球拍的加速度变化规律,由此可以找到击球的模式。

而其他的击球动作,我们都假定有相对接近的规律。这里不再进行详细讨论。

三、测量加速度的传感器

为了测量乒乓球拍的加速度,我们需要首先找到测量的办法。MPU-6050是世界上第一款集成6轴运动跟踪设备。它集成了3轴MEMS(微机电传感器)陀螺仪、3轴MEMS加速度计。MPU-6050是最常见的加速度传感器,因此我们选择它作为实验器材,如图4-7所示。

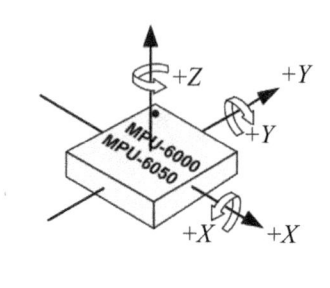

图4-7 MPU-6050外形和原理图

MPU-6050的加速度计用了三个16位的ADC(模拟/数字转换器),将其测量的模拟量转化为可输出的数字量。它的量程可以是2 g、4 g、8 g和16 g四个量程之一。(g 为重力加速度)

MPU-6050设备还可以测量三个轴的角速度,但是我们这次将不会涉及。

四、获取并计算加速度

MPU-6050 的三个输出值（x 轴方向加速度 AccX、y 轴方向加速度 AccY、z 轴方向加速度 AccZ）都是 16 位的电信号，其数值范围在[-32768，32767]之间（注：$32767=2^{15}-1$，$-32768=-2^{15}$）。

以 MPU-6050 的默认量程为 2 g 为例，x 轴的加速度为 $a_x = 2g \times \left(\dfrac{AccX}{32767}\right)$，$y$ 轴的加速度为 $a_y = 2g \times \left(\dfrac{AccY}{32767}\right)$，$z$ 轴的加速度为 $a_z = 2g \times \left(\dfrac{AccZ}{32767}\right)$。那么整个物体的加速度为 $a = \sqrt{a_x^2 + a_y^2 + a_z^2}$。

五、所有涉及的实验器材

为了实现完整的测量，需要增加微控制器（MCU）、电池和蓝牙通信模块，同时还需要一款常用的乒乓球拍。表 4-11 是实验涉及的器材列表。

表 4-11 实验器材列表

器材	类型	重量	尺寸	备注
树莓派 PICO	微控制器（MCU）	3 g	51 mm×21 mm	支持 Python
MPU-6050	加速度传感器	2.1 g	21 mm×16 mm	测量加速度
HC-08	低功耗蓝牙模块	3 g	38 mm×16 mm	用来将数据传输给手机
CR2032	纽扣电池	3 g	直径 20 mm 高度 3.2 mm	圆形，最常见的纽扣电池
DHS 5006	球拍	380 g	不规则形状	中国著名的乒乓球品牌

注意：本实验使用的球拍是一款直拍。直拍或者横拍的选择，对于装置后续的安装提出了不同的要求。球拍模型如图 4-8 所示。

图 4-8　球拍模型

六、电路连线设计

在整体的电路连线中,注意以下三点:

(1) 电源线的正负极不要接错。

(2) 将 MPU-6050 加速度模块的信号线和 PICO 的 I2C(两线式串行)总线相连。

(3) 将 HC-08 蓝牙模块的信号线和 PICO 的 UART(通用异步收发传输器)总线相连。

接线原理图和面包板实验图如图 4-9 所示。

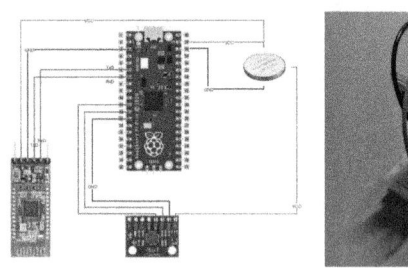

图 4-9　接线原理图和面包板实验图

七、微控制器程序

树莓派 PICO 允许使用 MicroPython 进行程序编写。以下是以 50Hz 的频率(每 0.02 秒采样一次数据)测量加速度,并通过蓝牙传送出去的一段程序(图 4-10),整个程序只有 32 行。其中__analog_digital_convertor 函数是将电信号转化成为重力加速度的数值。

```python
import machine,utime
import math
from machine import I2C
from machine import UART

class PingPongBatAcceleration:

    def __init__(self):
        self.bluetooth = UART(1, 9600, stop=1, bits=8, rx=machine.Pin(5), tx=machine.Pin(4))
        self.iic = I2C(0, scl=machine.Pin(9), sda=machine.Pin(8))
        self.addr = 0x68
        self.iic.writeto(self.addr, bytearray([107, 0]))
        self.counter = 0

    def __analog_digital_convertor(self, firstbyte, secondbyte):
        if not firstbyte & 0x80:
            return firstbyte << 8 | secondbyte
        return - (((firstbyte ^ 255) << 8) | (secondbyte ^ 255) + 1)

    def workLoop(self):
        while True:
            raw_ints = self.iic.readfrom_mem(self.addr, 0x3B, 14)
            acx = round(self.__analog_digital_convertor(raw_ints[0], raw_ints[1])/16384.0,3)
            acy = round(self.__analog_digital_convertor(raw_ints[2], raw_ints[3])/16384.0,3)
            acz = round(self.__analog_digital_convertor(raw_ints[4], raw_ints[5])/16384.0,3)
            acc = math.sqrt(acx*acx+acy*acy+acz*acz)
            self.bluetooth.write(str(acc))
            utime.sleep(0.05)

if __name__ == "__main__":
    accel = PingPongBatAcceleration()
    accel.workLoop()
```

图 4-10 程序截图

八、将装置安装在球拍上

将整个装置安装到直拍的拍顶。使用垫板和接线相连,部分区域可以使用胶布,在不影响导电性能的情况下进行加固。在实际的使用中,这种设计不影响直拍的使用,同时增加的重量大约在 20 g 以下,相当于球拍的 5% 左右,对运动者的影响很小。图 4-11 中左侧为实拍图,右侧为设计图。

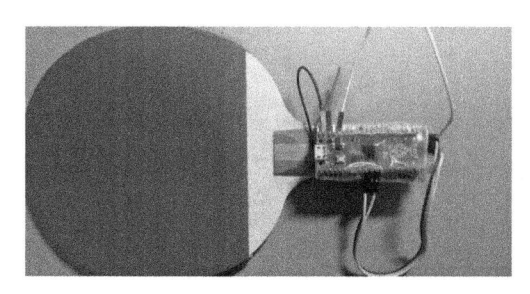

图 4-11 装置的安装

九、实验数据分析和结论

将实验数据通过蓝牙传输到电脑上,使用 Python 等工具进行分析和绘图,可以得到加速度变化的规律。(这里略去从蓝牙搜集数据并进行分析和绘图的 Python 程序,因为这并非本实验的核心关注点)

图 4-12 是一个典型的单次挥拍动作的加速度变化图。整个挥拍过程明显分成两个阶段(两个波峰),第一个波峰代表挥拍,第二个低一些的波峰,代表收拍到准备动作的过程。

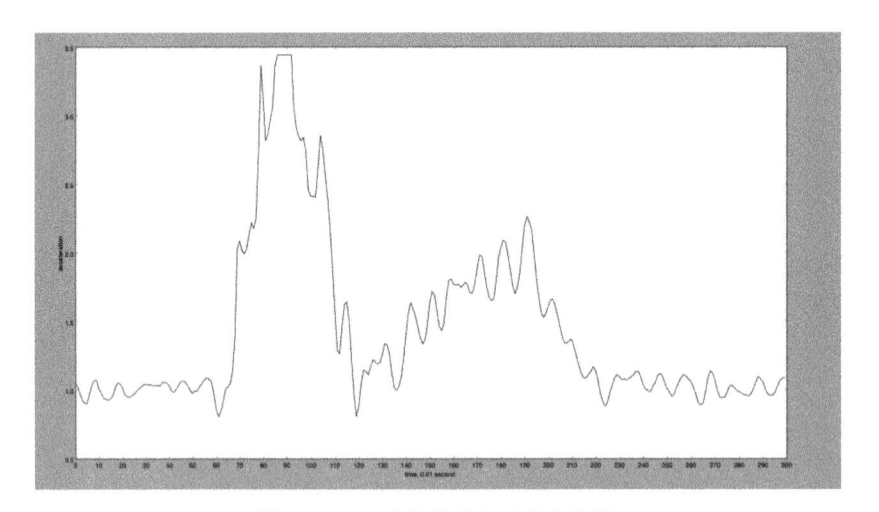

图 4-12　一次挥拍的加速度变化图

经过反复测量,可以得到几个经验性结论:

(1) 当最高加速度超过 2.5 g 的时候,可以认为完成一个挥拍动作。

(2) 即便非常努力地挥拍,最高加速度也很难超过 3.5 g。

(3) 一般训练中的引拍动作(从开始引拍到引拍停止,不包含向准备动作的恢复过程)耗时大约在 0.4～0.8 秒。

(4) 以"在 0.5 秒的时间内,出现了高于 2.5 g 的加速度,则认为完成一次击球"作为定义,采集数据进行分析。在正常的打球来回中,包含了捡球和准备的时间,平均 2.8～3 秒的时间,会有一次击球。也就是说,如果连续打 1 小时乒乓球,击球的次数大约在 1 200 次左右。

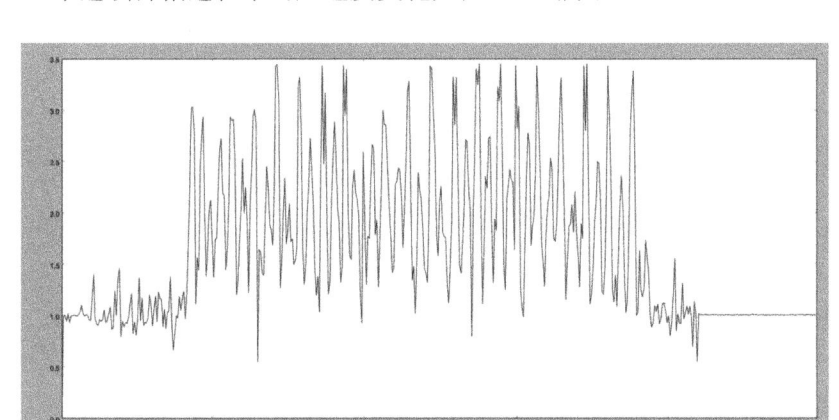

一个连续挥拍过程中的加速度变化如图 4-13 所示。

图 4-13　一个连续挥拍过程中的加速度变化图

十、项目待改进之处

这个实验项目是"物联网＋"日常运动的实验项目,还有很多不足的地方,包括以下几个方面。

（1）可以采集更多的数据进行计算。

①可以使用 MPU-6050 测量角速度,对于挥拍的姿态进行判断,但这需要更复杂的计算。

②可以通过 MPU-6050 的数据对线速度进行计算,分析线速度的趋势对于指导人们进行乒乓球运动有更多的帮助,但同样需要更多的计算。

③可以通过挥拍中的参数（如速度和球拍重量）计算消耗的能量（卡路里）,进一步指导使用乒乓球进行锻炼。

（2）程序的加速度测定中存在一定的误差,因为 MPU-6050 自身的特点,需要通过复杂的公式来修正重力加速度对整个测定的影响,本实验中采用了简单的计算方法。

（3）程序中的稳定性和容错性还有很大的优化空间。

（4）当前球拍上的安装模式,适合于直拍;对于横拍,需要新的安装模式。

（5）可以通过 3D 打印来改进安装装置。

学生项目报告 2：智能窗户

北京市陈经纶中学 侯天赫 杨杰

项目点评：学生善于从生活中发现问题，从该项目的创意中体现出了学生关心他人的意识，并能够应用所学的知识创造性地给出解决方案。该项目以模型的形式体现，学生通过发现问题、方案构思、模型制作、展示评价等环节，体验了设计的一般过程。学生在此过程中，提升了学科核心素养。本项目在第38届北京市青少年科技创新大赛中荣获发明类二等奖。

一、项目背景

儿童意外坠楼事件一直以来都是一个很大的社会问题，随着城市高层住宅楼越建越多，儿童意外坠楼悲剧时有发生，除了大人疏于看护等主观原因，高层住户的窗户缺乏防护栏等安全设施也是一个重要的因素。

有没有一种发明既可以防止儿童坠楼、陌生人翻窗入室，又可以让人们不受影响地欣赏窗外的风景呢？

本项目名为"智能窗户"，就是在保留原有窗户功能的同时，添加了智能功能，用以解决多个问题：

（1）当有人靠近的时候，智能窗户会探测到人的靠近并自动关闭同时发出警报声，还可以给主人发送短信通知，保证家人的人身安全和财产安全。可以防止翻窗入室盗窃的发生，让人们放心外出。

（2）当家长不在家时或者家长忙于其他事务的时候，可以开启防护模式，当小孩靠近窗户的时候，窗户就会自动关闭。这样可以防止儿童意外坠楼的发生，保障儿童的安全。

（3）当检测到室外温度是适宜温度，比如在21～29℃时，窗户会自动打开；当检测到室外温度过高或过低时，窗户也会自动关闭。这样很好地解决了家中无人时开窗换气的问题。

智能窗户具备防护栏的所有优点，包括防止儿童意外坠楼、入室盗窃、高空坠物等，同时还兼具隐形、美观、时尚、实用、不影响视线等优点。

二、项目的完成过程

(一) 选择传感器和零件

1. 人体红外线传感识别分析

红外线传感器被用来探测人体,它能检测人体的靠近,使智能窗户及时阻止儿童意外坠楼和盗贼翻窗入室。在红外线探测器中,热电元件检测人体的存在或移动,并把热电元件的输出信号转换成电压信号,然后对电压信号进行波形分析。因此,只有当通过波形分析检测到由人体产生的波形时,才输出检测信号。例如,在两个不同的频率范围内放大电压信号,且将被放大的信号用于鉴别由人体引起的信号,因而避免了外界干扰,不会将鸟类等误判为人。

2. 温度传感分析

温度传感器是指能感受温度并转换成可用输出信号的传感器。温度传感器被用来检测窗内和窗外温度,使智能窗户实现根据窗内窗外温度及时开关的功能。

(二) 项目制作过程

1. 选择材料

导线若干、Arduino主板1个、红外线传感器2个、温度传感器2个、舵机1个、塑料板1个、亚克力板若干、蜂鸣器1个、短信模块1个。

2. 分析结构组成

本设计装置由电源供应器、温度传感器、人体红外线传感器、舵机、主板等部分组成。

3. 外壳制作

初次制作,首先用硬纸板制作外壳模型,模拟墙壁。

(1) 计算好大小,然后进行裁剪和拼装。

(2) 进行模型房屋的外形设计,更好地模拟真实环境并展示作品的用途。

(3) 把模型装入一个模拟窗户内,对作品进行初步的演示与测试,把舵机等安装好。

后期对模型进行了改进,采用亚克力板制作外壳。制作过程如下:

(1) 在稿纸上绘制外壳的粗略模型图。

(2) 绘制精确的等比缩放的外壳图。

(3) 按照图纸,用激光切割机将亚克力板进行切割。

(4) 将切割好的亚克力板进行组装。

智能窗户模型如图 4-14 所示。

图 4-14　智能窗户模型

4. 线路连接与程序调试

(1) 先找出要用的材料,按照线路设计图连接线路,比如,连接温度传感器、人体红外线传感器、舵机等。

(2) 程序设计。

(3) 设计与调试 2 个人体红外线传感器。分为内侧和外侧,内侧与舵机相连,外侧与舵机和蜂鸣器相连。

(4) 设计与调试温度传感器。进行室内温度的调试,经分析发现室外温度在 21～29℃都可以开窗。

(5) 利用程序,将温度传感器检测到的电压值转换为温度值。

(6) 将编程内容传输到 Arduino 控制板,进行检验。

元器件连线图如图 4-15 所示。

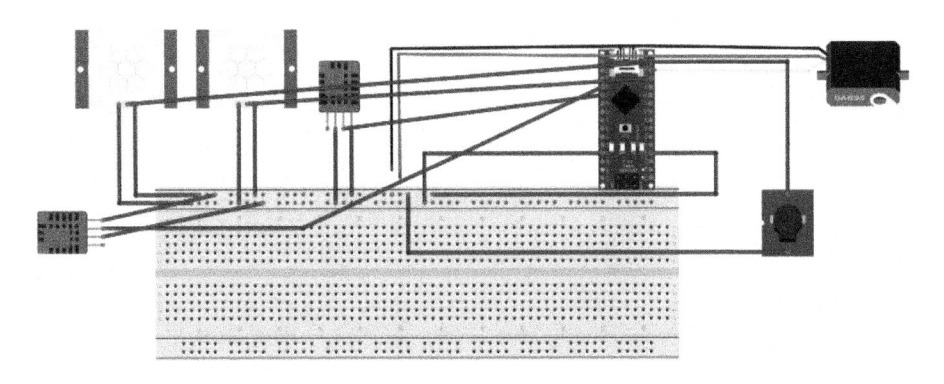

图 4-15　元器件连线图

编程并调试程序功能，如图 4-16 所示。

图 4-16　编程并调试程序功能

三、本项目特点

检测设备会时时进行检测，当检测到目标时会立即将信息进行转化，以极快的速度将信息进行处理，并自动实施。除此之外，本产品还会自动辨别信息，避免外界的干扰，使其更加准确。全自动化的设计给人们提供了更多的便捷，让人们不再为窗户的安全性而担忧，智能窗户是一款实用的产品。

智能窗户所有的命令执行都具有安全保障，由于自动化系统的支撑，它运用起来更加及时准确。它可以有效地减小盗窃的可能性，为人们的财产安全和人身安全提供一定程度上的保障。除此之外，它还可以防止儿童意外坠楼，防止婴幼儿爬出窗外。我们通过一系列的检测手段，用多种设备来尽力保障用户的人身安全。

四、项目拓展

"智能家居"已越来越受到人们的关注，智能窗户也成为其重要的组成部分。智能窗户具有广泛的适应性，其核心是自动窗控制驱动系统，可以给用户带来极大的方便。在寒冷的冬天，智能窗户能够保持室内温度；到了炎热的夏天，智能窗户能够通过及时开窗通风来降低室内温度，给使用者一个舒适安逸的环境。智能窗户还可以在不破坏窗体结构的情况下，保证窗体性能和外观，符合人们对窗体外观传统的审美，其可靠性也很高，具有很长的使用寿命。